「ぴえん」という病

SNS世代の消費と

佐々木チワワ
Chiwawa Sasaki

はじめに

午前1時を回った歌舞伎町は、今日も騒がしい――。

路上にはシャンパンボトルを抱えた若い女の子が泣きじゃくり、酔っぱらったホストが女の子と口喧嘩をしている。

ゴジラビル横の広場に移動すれば、明らかに未成年とわかる若い男女が酒を飲み、踊る動画を撮影していた。彼らのすぐそばには街娼の女性たちが立ち並ぶ。さっきまで男に話しかけていた制服姿の女子高生は、ホテル街に消えた。

筆者は15歳からこの街に足を運び、大学を往復し（片道切符で数か月この街にとどまっていた時期もあるのだが）、フィールドワークとして街を歩き続けて、間近でそこの社会を見続けてきた。雑多で、どんな人間も受け入れてくれる寛容なこの街は、コロナ禍で「震源地」として取り沙汰された。

そんな混沌とする歌舞伎町にも筆者はマスクをつけて通い続けた。そして「ぴえん系」

と呼ばれる少年少女たちに出会った。彼らのなかには「トー横キッズ」と呼ばれるコミュニティに所属していたり、病み系のファッションをした男性バーテンダーだったり、メンズコンカフェの「推しに会いにきた」という高校1年生の少女もいた。

新しい価値観が、歌舞伎町に訪れているように感じる。

本書ではそうしたZ世代のなかでも歌舞伎町に足を運んでいたり、ホストやアイドルといった存在を「推す」層にフォーカスし、彼らのカルチャーと価値観を社会学的アプローチとして、「ぴえん」という言葉を基軸に据えて記述していく。

筆者もZ世代と呼ばれるSNS全盛期に生まれ、歌舞伎町に足を踏み入れてちょうど本書の発売される２０２１年12月で丸6年となる。６年間この街を見続け、同年代とかかわり続けた21歳の筆者だからこそ描き出せる、現代の若者の価値観と消費についての一考察をお届けする。

２０２１年11月末日　佐々木チワワ

目次

※本書に登場する少年・少女たちの名前は、プライバシー配慮のためすべて仮名になっている

第一章

「ぴえん系女子」の誕生

歌舞伎町を呑み込む「ぴえん」

2021年夏、新型コロナウイルスの「震源地」扱いされた新宿・歌舞伎町。その路上で、精神を病んだふうの病みメイクを施した女性2人が、顎にマスクをかけ、コロナを気にする様子もなく、こんな会話を交わしていた。

A子「はぁ〜……。今日はパパ活で5万引くつもりだったのに、3万円しか引けなかった、マジぴえん」

B子「あぁ、それはぴえんだね〜。そういえば、アンタが指名してるホスト、この前、黒髪のぴえんとラブホテル街を歩いてたよ」

A子「マジ？ アイツ……。私の前では『ぴえん系の女、苦手なんだよね』なんて言ってたのに……。ないわ〜」

B子「あ、あとこの前、歌舞伎のアパ前でぴえんがシャンパンボトル持って転がっててさ(笑)」

A子「えええ〜、それはぴえんすぎない?」

汎用性の高い「若者言葉」はいつの時代にもある。すごい、やばい、エグい、エモい、少し前は「卍《まんじ》」。そして令和3年の現在は「ぴえん」ではなかろうか。右の会話では、意味が移ろい、わかりにくいことこのうえないが、……筆者からすればすべて理解できる。私なりに訳せばこうだ。

A子「はぁ〜……。今日はパパ活で5万引くつもりだったのに、3万円しか引き出せなかった、最悪……」

B子「あぁ、それはやってらんないね〜。そういえば、アンタが指名してるホスト、この前、黒髪の幼い感じの女の子とホテル街を歩いてたよ」

A子「マジ？　アイツ……。私の前では『量産型女子、苦手なんだよね』なんて言ってたのに……。ないわ〜」

B子「あ、あとこの前、歌舞伎のアパ前で泥酔した女が転がってたよ（笑）」

A子「えええ〜、それは危険な状況すぎない？」

これが、歌舞伎町に生きる、いや、現代の若者たちの標準的な会話になりつつある。そもそも、ぴえんとは、何なのか——。

絵文字が後押しした「ぴえん顔」の定着

まず「ぴえん」という言葉の発祥に遡る。アニメや漫画のオノマトペとして、幼い子供や若い女性が泣くときの表現として「ぴえええ」「ぴえーーーん」などと長年にわたり使われてきたが、その誕生には諸説あり、泣いている様子を表す擬態語「ひんひん」が

進化したという説や、韓国語で鳴き声の擬声語である「힌《ひん》」からという説もある。

そこから「ぴえん」という独立した言葉になったのは、2018年、スマートフォンの絵文字の規格であるUnicodeに「Pleading Face」なる絵文字が追加されたからにほかならない。

下がった眉、潤んだ瞳、今にも泣きだしそうな表情をしている「Pleading Face」の直訳は「嘆願する顔」や「弁解する顔」だ。iPhone、Androidなど大半のスマートフォンにこの絵文字が適用され、若者たちに親しまれていく。

このPleading Faceが誕生する前も、SNSでは「ぴえん」という言葉が実際に使われていた。面白いデータがある。社会と個人の関係性に着目・研究するニッセイ基礎研究所生活研究部研究員の廣瀬涼氏が、2021年2月発行の「ニッセイ基礎研REPORT（冊子版）」2月号

「Vol・287」で、『「ぴえん」とは何だったのか』というタイトルのレポートを発表している。一部を抜粋する。

Pleading Faceが存在する以前は、涙を流している絵文字や顔文字とともに「ぴえん」という言葉もSNSで投稿されていたが、泣いている度合いが「ぴえん」という言葉を使う人同士でも様々であった。この理由として当時の「ぴえん」は、あくまでも「びえーん」の派生語である「ぴえーん」を簡略化したものとして使用していた者と、〝ぴ〟と〝ん〟の間の〝え〟の文字数で泣きわめく声の大きさや長さを視覚化するという方法に由来して使用していた者がいたからである。

「ぴええええええーーーん」
「ぴええん」
※右の方が左よりも泣き喚いている様子を表すことができる。

その後Pleading Faceが登場することで、〝え〟の個数で悲しさを表現していた人々が、大泣きするまでもない感情を、この絵文字と「ぴえーん」を最少の〝え〟の数で「ぴえん」と表現するようになったことからPleading Faceは、「ぴえん顔」として定着していった

つまり言葉にするほどでもない「ぴえん」という心情を、Pleading Faceという絵文字の遊びに置き換えていくのが若者に定着したのだ。SNSという巨大コミュニケーションツールで、躍動するPleading Face。すぐに「ぴえん顔」と呼ばれるようになり、現在はスマートフォンの変換機能に「ぴえん」と打ち込めば絵文字が出てくるようになる。

また、若者の流行の発信地、原宿にあるバラエティショップ「サンキューマート」では、ぴえん顔を模したクッションやぬいぐるみが販売されて大ヒット。漫画やアニメでもぴえん顔のキャラクターが多数登場するなど、一大ブームになった。2020年3月に発売されたNintendo Switchソフト『あつまれ どうぶつの森』では、ヒツジを模したキャラクターのちゃちゃまるが、下がり眉、瞳を潤ませた表情はまさにぴえん顔そのもの。任天堂ですら、ぴえんを強く意識しているのは明らかだった。

ＪＣ・ＪＫ流行語大賞を獲る「ぴえん」

Ｐｌｅａｄｉｎｇ Ｆａｃｅの普及とともに、「ぴえん」という言葉自体も若者たちに浸透していく。前出の廣瀬氏が行ったアンケート『どのような意図で「ぴえん」及び「ぴえん顔の絵文字」を使うのか（複数回答）』でも、「残念な感情を表すため」が93％だが、ホッとした気持ちを表すためも71％など、「バイトしんどい。ぴえん」と悲しいとき、「彼氏が優しかった。ぴえん」と嬉しいときなど、心情を表す汎用性の高い表現として広まっていった。

この現象に似ているのは、２０１６～２０１７年に流行した「卍《まんじ》」（※１）であろう。卍は当時、「それは卍だね」「３組の斎藤くん、上級生に喧嘩で勝ったらしいよ。卍じゃね？」というふうに使われており、大きくは「ヤバい」の意で、ヤンチャな人に対す言葉であったり、テンションが上がったときに使われていた。「とてもヤバい」の意として、キャッチーで語呂のいい「マジ卍」も使われていた。

結果、卍と同じく、ぴえんも「ＪＣ・ＪＫ流行語大賞（※２）２０１９（コトバ部門）」で１位を獲得。若者言葉として、一般に認知されていく。また「ＪＣ・ＪＫ流行語大賞２

020上半期コトバ部門」では、よりぴえんな状態を指す「ぴえん超えてぱおん」という言葉も5位にランクインしている。

多様な意味で使われる「ぴえん」という言葉だが、次第に行動様式の意味をも持ち始める。発端はメンタルに病を抱えるいわゆるメンヘラ系女子が、自身のSNSで精神的に落ち込んでいるときの病み投稿の語尾にぴえんを用いはじめたことだ。

「死にたい。ぴえん……」

「眠剤、大量に飲んじゃった。ぴえん……」

精神に病を抱える女性たちのなかで、「ぴえん=ネガティブな行為」というイメージでも認知されるようになる。自傷行為をした写真とともに「ぴえんしちゃった……」、路上で泥酔していることも「路上でぴえんしちゃった！」なんて投稿が次第に増えはじめる。最初は絵文字記号だったぴえんは「ぴえん顔」と「ぴえん」という記号と言葉に分離し、最終的にそうした言葉を使う女子たちの行動を表す代名詞のような役割を担っていく。

第一章冒頭の会話にある「はぁ～……。今日はパパ活で5万引くつもりだったのに、3万円しか引けなかった、マジぴえん」の「ぴえん」は、パパ活で3万円しか引けなかった行動とそれによる自分の気持ちを表しているのだ。

量産型・地雷系ファッションとぴえん系女子

「ぴえん」という言葉は卍やエモいと違い、ファッション用語として浸透していったのも特徴のひとつだ。近年、オタク系女性のファッションとして流行している「病み系」とも関連性が高いため、まず病み系を解説する。

ロック、ゴシックなど原宿系の個性的ファッションスタイルに、2014〜2015年辺りから加わったのが「病み系」だ。〝かわいいと病み〟という相対立するふたつの要素をミックスしたスタイルで、精神の病み（闇）を表すためにメイクは基本青白く、目元には憔悴したようなクマをつくる。服装は沈んだ色を中心にコーディネートする。そんな病み系ファッションがすっかり定着し、さらに派生してぴえん系として内包されるスタイルが、「量産型」と「地雷系」である。

「量産型」は本来、文字通りファッション誌で紹介された服をそのまま着たり、似たような服装をしている人々を指す言葉だった。没個性ファッションとして「量産型大学生」「量産型オタク」と言われており、10年ほど前は量産型オタクと言えばアキバで同じような格好をしている男性のイメージであった。しかし、量産型も時代とともに変化をみせ、現代は「かわいく思われたい、かわいくありたいがための没個性」へと変容。あえて、似たようなファッション、似たようなメイク、似たようなヘアスタイルで、見た目に特徴のないお人形的スタイルという意味合いが強まっている。特にぴえん系の量産型は女の子らしい甘めのテイストが特徴であり、メイクはピンクの涙袋でうるうるした庇護欲《ひごよく》をあおるようなものが好まれる傾向にある。ぴえん系は特にジャニーズやメンズ地下アイドルなどの「推し」を見にいくときの現場ファッションとして使っている印象だ。

対して「地雷系」は病み系の要素をより濃くしたものと言っていいだろう。今にも精神が崩壊しそうな泣き顔系メイク、服装はハイブランドのアイテムにあえてマイメロディやシナモンロールなどサンリオ系キャラクターのポーチ、ぬいぐるみなどを身に着けているのも特徴だ。ぴえん系の量産型・地雷系のファッションは共通項も多く、好まれるブランド（※3）も同じものがいくつかある。地雷系と量産系をミックスさせたファッションも多くみられ、自分の好みで地雷度、量産度を調整できる。

そんな量産型・地雷系の定義は明確には定まっていないが、10代から20代の前半向けに「カワイイ、カッコいい」をテーマにレディースファッションを展開する「夢展望」（大阪・池田市）では、わかりやすく量産型・地雷系のファッションを分類しているので紹介したい。

〇量産ちゃん
・前髪は巻いて片眉見せる
・推しに可愛く思われたい
・ゆるふわ系で型のアレンジが好き
・厚底とショートソックス
・自担の色を付けるのが好き
・服は白×ピンク×黒が多い
・推しのために生きてる♡
・フリル・リボン・レースが好き

〇地雷ちゃん
・シルバー合わせが好き
・メイクはたれ目

・髪色は真っ黒or派手色が好き
・自分を可愛く見せるのが得意
・ストレートハーフツインとツインテが好き
・バックルやベルトのディテールが好き
・ハートと十字架のモチーフが多め
・長袖を選びがち
・黒×黒、ピンク×黒が好き
・すきすきすき…すきすきすき…すきすぎて辛い…

　また、ぴえん系に量産型・地雷系が増えている実例として、ティーン向けファッション誌『ＬＡＲＭＥ』（株式会社ＬＡＲＭＥ）の２０２０年秋号の９ページにわたる「量産＆地雷in新宿歌舞伎町」という特集を紹介したい。

　誌面にはモデルたちが「歌舞伎町のランドセル」と呼ばれるＭＣＭリュック（※４）を背負い、ホストクラブの看板を見つめながら、ピンクのエナジードリンクにストローを挿してポーズを決めている。写真に添えられた惹句には「やっぱＭＣＭのロゴリュックしか勝たん！」「ピンク×リボンで誰よりかわいく推しごとしよ♡」「ピンク×プリーツスカートで圧倒的なんばーわん！」、そして「ぴえん」の言葉が躍っているのだ。

同特集がホストクラブの看板前で撮影しているのも、理由がある。前述したとおりジャニーズ好きなオタク女子の間で広まった量産型ファッションであるが、最近はホストクラブでホストを応援する女性たちもオタクにカテゴライズされはじめている。ホストのことも推しの対象とするアイドル的な扱いが増えたからだ。その理由は第五章で言及する。ホストに狂う通称「ホス狂」の女の子たちのファッションスタイルにも、量産型・地雷系は多いのだ。

「ホス狂」とは、〝ほすぐるい〟、または〝ほすきょう〟と読む。文字通り金銭面や生活の大半をホストに投げ売ってしまう女性のことを指す言葉だ。同特集は、撮影地が歌舞伎町ということもあり、こうした「ホス狂」を想起させるような内容になっている。ホストにハマり、夜の仕事を始めて貢ぐ——。そんな女性像をイメージしやすい特集の雑誌を、中高生が手に取れるのかどうか、紙媒体が取り扱っていいのかと発刊当初は物議を醸した。

特集の冒頭は以下のような惹句から始まる。

「いい子を演じていれば、まわりは満足そうだけど
本当の私は全く違うんだ
きっと誰にもわかってもらえない
いい子じゃない私に価値なんてない
それでも、もし万が一
そんな悪い子な私でも、
あなたのそういうところが好きだよって
言ってくれる場所があったなら
もっと自信をもって、自分の世界を
好きなように楽しんじゃおうって思えるはず！
そうやって自分を楽しむ女の子たちは
キラキラ輝いて無敵になっていく
これ以上
かわいくなって
どうするの？♡」

ホストクラブに通うことを助長するような内容ながら、熱心なティーンの読者たちからは「ぴえんすぎるよ！」と好評を博したという。これらのファッションカルチャーを一括して「ぴえん系女子」と呼ぶケースが増えてきているのだ。

単純にファッションとしてMCMのリュックにフリフリした服を着ているだけでは「量産型だね」という表現にとどまるが、そこに女の子がストロング缶にストローを挿し、「推ししか勝たん！」などと言いながら地面に座り込んでいると、「ぴえんだね」と呼ばれる図式になる。代名詞としてのぴえんはこうしたファッションや行動様式、発言のすべてを包括してできたステレオタイプのイメージであり、その多くが歌舞伎町を連想させるようになったのだ。

漫画の影響で「ぴえん系」が大量発生

もうひとつ、歌舞伎町にいる量産型女子をぴえん系と呼ぶようになったのには、ある漫画の存在も大きい。漫画アプリ「サイコミ」にて連載されている『明日、私は誰かのカノジョ』（作・をのひなお／小学館）だ。２０１９年5月に連載が開始され、レンタル彼女、パパ活、整形など、さまざまな女性たちのリアルを切り取り、単行本は紙と電子版を合わせ累計発行部数150万部を超える大ヒットに。コミックス5巻・6巻では、ホストクラブにハマったことで、性産業に足を踏み入れる女子大生・萌によるエピソード「Knockin' on Heaven's Door」編が描かれる。なかでも萌と交流を深め、日常的にホストクラブで大金を使う女の子「ゆあてゃ」が登場するのだが、彼女の服装がまさに前述したぴえん系の量産型女子の服装そのものなのだ。

セリフも「そんなこと言ったらぴえんだよ！」とぴえんをあいまいな言葉として使う。担当ホストのために風俗で働く典型的なホス狂の彼女は、まさにぴえん系女子の象徴。同作は退廃的でありながら、魅力あるキャラクターが多くの10～20代女性読者をとりこにする。2021年6月の『LARME』43号では、ゆあてゃが漫画から飛び出し、モデルとしてカバーを飾った表紙風イラストが誌面を飾った。さらに同作の大ファンであるモデルの佐藤ノアが、ゆあてゃのメイクやコーディネートを誌面で紹介したのだ。

以降、歌舞伎町にはゆあてゃに憧れて、似た服装で、同じような言動をする（しそうな）女子を見かけることが増えた。そんな漫画やSNSの影響もあり、彼女たちを「ぴえん系」「ぴえん」と呼ぶのだ。その結果、ぴえんは歌舞伎町街を中心とした共通言語のひとつとなり、推し文化・若者文化の一端を象徴するものになったのである。

ぴえんファッションで救われる女の子たち

多様な意味をもつ「ぴえん」。日本語の変遷に鑑みても、こうして複数のことばがひとつのことばに収束する傾向は存在する。前述した卍がそうだ。「文化」として成立すると、その界隈の文脈の中での言語体系（隠語・ジャーゴン）が生まれる。業界用語のようなもので、この言語が通じる人は自分たちの文化がわかる、といった踏み絵のような役割を果たす。東京で同郷出身者が集うように、海外で日本人が集うように、言語が通じることで帰属意識、仲間意識が生まれる。隠語を使うことで意思疎通が図られ、集団的意識も高まる。そうした隠語を使いこなすことで、街の文化に染まったように演出できる。

世間では「ぴえん」という隠語の認知度が高まり、カルチャーとして認識されるようになってきた。裏を返せばその文脈に沿っていなくても、ぴえんという社会的文脈を真似することが容易になってきているともいえる。憧れただけの「擬態ぴえん系女子」が歌舞伎町外から流入してきているように感じる。なぜ、ぴえんを着飾るのか。それは彼女たちが擬態することで救われている側面もあるからだ。

「はじめは周りに合わせて、なんとなく量産コーデをしていました。でも、今はこのファッションが一番かわいいと思っています」

そう話すのは19歳のマキである。地方に住んでいた彼女は、ネット上で知り合ったジャニーズファンの友人を頼りに東京へやってきた。友人が量産型のファッションを好んでいることもあり、一緒に過ごすうちにだんだんとぴえん系に染まっていったという。

「同じような服で街を歩くのが楽しい。似たような服の子とか髪型の子がいると、仲間がいるみたいで嬉しくなる。好きなアイドルとかアニメとか、なんとなく好みも似ていたりするし……。東京に来てアイドルの現場に行ったら、ほとんど同じ服装の子とかもいて(笑)。一体感があり、浮いてるかなとか心配しなくていいから居心地がいいんです」

かつて渋谷がガングロギャルブームに沸いたころ、地方で悩んでいる少女たちが救いを求めてやってくる様子がテレビで放映された。「友達が欲しかった」、そう答えるヤマンバギャルのエピソード映像を見たことがある。同様の流れがいま、ぴえん系女子として歌舞伎町に来ていると筆者は感じている。

ぴえんというファッションスタイルが全国に拡散されたことを2021年9月、筆者は北海道のすすきのを訪れたときに実感した。昼間の繁華街の路上にはぴえん系の地雷・量産型ファッションの女の子は少なく、日常的に歌舞伎町を歩いている身としては「やっぱり歌舞伎町独自の文化なのか……」と思っていた。しかし、すすきののコンカフェにいくと、そこにいる女の子のほとんどが驚くほどに「ぴえん系女子」ばかりなのだ。

コンカフェとは、「コンセプトカフェ」の略である。お店のコンセプトに合わせて働くスタッフがコスプレをしたり、内装やメニューを合わせている店舗を指す。メイド喫茶もコンカフェの一種であり、数年前まではメイド喫茶がコンカフェの大半を占めていたが、最近では学生、ゆめかわ、魔女、冒険者、サキュバスなどさまざまなコンカフェが台頭している。

筆者が訪れたすすきののコンカフェで働く16歳のユミは、「こういう(量産・地雷系の)服装は、北海道だとまだ目立つ。ホストからはこんな服装ってだけで、『狙いめの女だ!』って感じですぐに声をかけられる。でも、コンカフェの仕事は同じようなファッション好きの子が多いから楽しいです。TikTokをみると、東京のコンカフェの女の子は本当にかわいくて、歌舞伎町に行ってみたくなる」と話していた。

歌舞伎町にも秋葉原並みにコンカフェが増え、そこには地雷・量産型ファッションでS

NSを沸かせる有名コンカフェ嬢がたくさん働いている。ユミに筆者が歌舞伎町に出入りしていることを話すと、「羨ましい！」「いいなぁ」「歌舞伎町のコンカフェってどんな感じですか？」と質問攻めに合った。地方の10代の少女たちも、SNSをきっかけに歌舞伎町のぴえん系女子にあこがれを抱いているのだ。ぴえんは10代から20代前半にとって、流行のスタイルのひとつになったのだ。

ぴえん系女子はリストカットすらSNS映えのひとつ

ぴえんをコスプレ的なファッションで消費するものもいれば、より深い闇に呑み込まれていくものもいる。歌舞伎町のもつ〝闇〟と、ぴえん系女子のもつ〝病み〟が融合した結果、過激化するものが多いのもまた事実だ。

一部のぴえん系女子のなかでは、メンヘラと呼ばれる人々の要素であるOD（※5）、リストカット、大量の煙草や酒といった嗜好品の消費、性的消費でさえファッションの一部として行うものもいる。これによって「ぴえんカルチャー」がカリカチュアライズされ、誇張したイラストや過激な歌舞伎町女子の事例が、彼女たちにとって日常化していく。

エスパス日拓
パチンコ エスパス

ぴえんカルチャーにはいわゆる「ファッションメンヘラ」的要素が多く内包されており、病んでいるわけでなくても病んでる様子を演出することで、副次的に何かを得ているケースが多い。病んでいる自分がかわいいや、病んでいる人たち同士のコミュニティに入りたいといった目的のために「ぴえん要素」を利用していたりするのだ。

そうした擬態ぴえん系たちの切り口の浅いリストカットや、「病んだ！」といって市販薬をODするさまは、歌舞伎町のさらに奥地にいる本物の病んでいる女子たちからは「ヌルい」と嫌悪されている節がある。信じられないかもしれないが、彼女たちにとってリストカットすら、ファッションやSNS映えのひとつになっているのだ。

ホストにハマっていた筆者の友人で、ファッション感覚でリスカをする女の子がいる。彼女とはTwitterで知り合い、初めて会ったときは、ピンクのMCMのリュックの脇ポケットに、貝印のカミソリを入れていたのが衝撃だった。筆者が「どうして持ち歩いているの？」と聞くと、「いつでも手首を切れるように」と返ってきた。彼女とホストの自宅で雑談をしているとき、私がうかつに「リストカットをしているところ、見たことないな～」と口を滑らせたら、「見る？」とおもむろにカミソリを取り出し、著者が止める間もなく自分の手首に赤い線を引いてみせた。

彼女がリストカットを始めた理由は、当時指名していたホストが「手首とか切ってるメンヘラな女の子って、かわいいよね〜」と言ったからだそうだ。ファッション感覚で手首を切る。聞けば彼女の周りにもリスカをしている女性が多く、ちょっと血が出るくらいで死ぬことはないと思い、アクセサリーやタトゥーと同じにとらえていたと話す。

こうした傷や死に近いものが、過激なぴえん系女子のなかで軽率にファッションに取り入れられるケースも少なくない。包帯でぐるぐる巻きの少女のイラストがかわいいとされる、包丁が刺さったテディベアがかわいいとされる価値観。そんな病みカワと呼ばれるカルチャーは昔から存在していたが、最近では実際に起きた殺傷事件まで、そうしたぴえんカルチャーに取り込まれているケースが存在する。

神格化される「ホスト殺人未遂事件」

２０１９年の５月25日、当時21歳の高岡由佳が交際していた男性ホストの腹部を刺し、重傷を負わせて逮捕された事件をご存じだろうか。この様子はなぜか撮影されていて、マンションのエントランスで血まみれで倒れる男性の横で、高岡がスマートフォンを耳に当てながら煙草を吸っている画像がSNSで拡散された。
彼女が美しかったこと、好きになった相手がホストだったこと、血まみれ状態で煙草を吸っていること……。映画の設定なのかというくらい物語性に富んだこの事件は、その後、高岡が供述で「好きで好きで仕方なかった。一緒にいるためには殺すしかないと思ったので、殺そうと思った」と述べたことから、一部のぴえん系女子たちから歌舞伎町のメンヘラの最上級として、「私も好きな人を殺したい！」と称賛されたのだ。さらに公判で公開された彼女のスマートフォンに残されたメモには、以下のように綴られていたという。

「悲劇のヒロインになりたくて、美しくてはかないものになりたくて　何があって何がなかったことなのかわからない。（中略）虚言癖で嘘か本当かわからなくなって、大好きな人ができて、どうしたら私以外を見なくなるのか、殺せばいいと思いました。（中略）心の底からどうしようもないほど愛しているけど、お金としか見てくれなくても（中略）君は私に嘘の言葉しかくれなかった。僕はホストだからって。（中略）けれど死ねばそれが本当になる。だから今は大事にしたい。一緒にいられるなら何でもするから安心してね」

この一文が、ホス狂や好きな人がいるぴえん系女子の心に刺さった。さすがにこの事件のように好きな男性を刺すというニュースは筆者の耳には入ってこなかったが、高岡に憧れたぴえん系女子たちが、プリクラの落書き機能を使い事件現場を再現することが一時は流行した。

事件から2年以上が経った現在でも、Twitterで「#好きで好きで仕方なかった」で検索すれば、「○○くんと好きで好きで仕方なかったプリ撮りたい！」、鬼電（大量に電話をかけること）のスクショ画面、浮気されて暴れた様子の写真に「好きで好きで仕方なかった」というコメントをつけて投稿する人もいる。これは、「好きで好きで仕方なかったから、こんな行為をしました」という一種の様式美が生まれている証拠でもある。

2020年11月には同事件をモチーフにした短編映画、『そこにいた男』（配給：CRG）が公開されている。韓国映画『パラサイト 半地下の家族』の監督ポン・ジュノの下で助監督をしていた経験もある片山慎三監督による本作品。クラウドファンディングにより200万円を超える資金が集められ、コロナ禍でオンライン上映というかたちで発表された。現在は大手ストリーミングサービスなどでも配信中だ。

この高岡の事件は海外の病みカルチャーを愛する人々にも伝わり、「彼女こそ、まさしくヤンデレの象徴だ！」と称賛された。殺人容疑者を神格化することを信じられない読者は、ぜひＩｎｓｔａｇｒａｍをチェックしてほしい。高岡容疑者のアカウントはフォロワー数がいまだ増え続け現在８万５０００人を超える。彼女のアカウントをタグ付けしたファンアートが毎日投稿され、＃yukatakaokaというハッシュタグでの投稿数は１０００件を超える。一緒に＃yandereと＃japaneecultureというタグもつけられていることが多く、国内外を問わず、一部の人間にとって彼女は神様なのだ。

メンヘラ気質のぴえん系女子たち

ただ、ぴえん系女子の多くは「メンヘラ」であり、高岡受刑者のような「ヤンデレ」は少数派だ。この2つの言葉の違いも整理しておきたい。

メンヘラという言葉は2ちゃんねるの「メンタルヘルス版」という掲示板に集まっている精神的に病んでいる人たちの総称が語源となっている。一方ヤンデレは「病んでいる」と惚れているという意味の「デレ」を合わせた造語だ。どちらも精神的な「病み」から発生したネット用語である。

メンヘラの特徴として、『メンヘラの精神構造』（ＰＨＰ新書）の著者の加藤諦三によれば、メンヘラはいわゆるピーターパン症候群のような子供らしさを残した大人の精神状態を指すとしている。メンヘラは基本的にナルシシストであり、自分がどう映っているかが最大の関心事で、自分を特別に扱ってほしいという願望と欲求にあふれているそうだ。対してヤンデレは相手を愛しすぎて病んでいるという点で差異がある。

「私のことを好きになってくれないなら殺して私のものにしてやる」というのがヤンデレ、「私のことを誰も好きになってくれないなら死んでやる」というのがメンヘラである。

ぴえん系女子はファッション感覚の自傷行為や言動を「かわいい」と思ったり、前述のホス狂の女の子のように「愛されたい」がために行っているためメンヘラに分類されるであろう。このようにファッションとしてカジュアルに死や血といったものを消費していくのも、ぴえん系の社会観なのだろうか。

とにもかくにも、ぴえんという言葉はあまりにも多用され、卍やヤバい、と同じくらい便利なものになっているのは事実だ。１００年後の国語では、「この文中のぴえんはどういった意味か。文脈で判断しなさい」なんて問題文が出されるのではないだろうか。ぴえん。

注釈

※1 卍(まんじ)

ヤバいと同様、何かにつけ使える便利な言葉。2017〜2018年に流行した。とりあえずつけとけばいい、とりあえず言っておけばいいという感覚はぴえんそのもの。

※2 JC・JK流行語大賞

株式会社AMFがトレンドに敏感な現役女子中高生とともに制作している流行語ランキング。ヒト・モノ・コトバ部門に分かれている。マイナビティーンズでも同様の調査が行われており、若者マーケティングに利用されている。

※3 好まれるブランド

アンクルージュ、エブリン、夢展望、リズリサ、ミルクボーイ、アミリージュ、MCM、ヴィヴィアン・ウエストウッドなど。「病み　くま」などで検索するとザ・地雷ファッションがたくさん出てくる。

※4 MCMリュック

歌舞伎町のランドセルと呼ばれるリュックサックを主に製造。ピンクや白のカラーが女子からは人気。男子も黒や茶色のリュックを愛用している。歌舞伎町の外でMCMのリュックを普通の人が背負っていると、歌舞伎町の人間としては二度見してしまう。

※5 OD

オーバードーズの略称。市販薬を過剰摂取し、多幸感を得ること。自傷行為としての側面もあり、SNSの「病み垢」（病んでいることを投稿する匿名のアカウント）などでODの様子を投稿したり、OD仲間を見つけてリプライやいいね！で交流することも。集団でODをするケースもある。

第二章

「トー横キッズ」の闇

自撮り界隈の待ち合わせ場所だった、トー横

「トー横キッズの専門家として、彼らの生態を教えてください」

2021年下半期、SNSやメディアで大きく騒がれた「トー横キッズ」。彼らは歌舞伎町の新たなシンボルとなったゴジラが吼える「新宿TOHOビル」(旧コマ劇場)、その東側の路地でたむろする若者たちのことだ。

歌舞伎町のセントラルロード中央に位置するTOHOシネマズ新宿が誕生したのは、2015年4月17日。旧コマ劇場跡地に建設され、ゴジラヘッドと呼ばれるゴジラと同じ高さに設置されたモニュメントから、「ゴジラ前」「TOHO前」などと呼ばれる歌舞伎町のシンボルとなった。

筆者が歌舞伎町に足を踏み入れたのは2015年末。彼らの存在を知り、交流を持ちはじめたのはその3年後からだ。最初に路上にたむろしはじめた初期メンバーと友達になり、時に彼らと飲むこともあった。そして今では彼らの経緯を知るライターとして、メディアで専門家的な扱いを受けている。では、トー横で生きる彼らは、一体どのようにして誕生

したのか。

ルーツは、自撮りを投稿する若者たちのSNSにおける「＃（ハッシュタグ）」からだ。2010年頃から女子中高生たちがSNSでかわいく撮れた自撮り写真を「＃自発ください」というハッシュタグとともに投稿することがブームになった。自発とは〝自分から発信する〟の略であり、褒め称えるリプライやいいね！などがたくさん欲しいということをライトに表現していた。そこから「＃らぶりつ」（いいね！&リツイートをください）になり、現在は「＃1㎜でもいいとおもったらRT」などをつけた投稿に変化。そうした自撮り写真を投稿する人たちを、「自撮り界隈」と呼ぶことがSNSに定着した。

そんな自撮り界隈の人間がオフラインで交流する際の待ち合わせ場所として、指定されるのが新宿TOHOビル前だったのだ。自撮り界隈には歌舞伎町で働くバーテンダーがいたことから、店が開くまでの0次会の場所になり、そこに歌舞伎町の住人であるスカウトマン、営業時間外の売れないホストも合流し、混沌とした路上飲みの場所になったのがそもそもであるとされる。自称「初代トー横界隈」のバーテンはこう語る。

「僕がトー横にいたのは2018～2019年だったんですけど、都内でオフ会する連中が待ち合わせに使っていたのがTOHO前。あのビルに隣接するバーには、自撮り界隈で有名な人物がキャストとして働いていたり、歌舞伎町と自撮り界隈の癒着というか、関係が深くなっていった感じでしたね。あと、初期メンバーには18歳未満の子が多くて、ホストクラブとかは年齢確認が厳しいから入れなかったのも大きい。結果、遊びに行くならホストより安いし、年齢確認も緩いバーになった。歌舞伎町のバーは24時以降にオープンする店がほとんどだったから、24時まで居酒屋だったり、路上で時間をつぶすというのが当時の流れでしたね」

　お金もなく、路上に集まる彼・彼女たちのことを、ホストとその客である風俗嬢やキャバクラ嬢たちが「キッズ」と呼びはじめた。それがトー横キッズ、という名称のおこりだ。

Twitterで「TOHOキッズ」という投稿で最も古いのは2019年の9月17日。令和になって誕生した言葉である。

ドンペンコーデが歌舞伎町でブームに

自撮り界隈がなんとなく集まる場所から、次第に固定メンバーが集うようになり、2020年の年末からトー横の「組織化」が顕著になっていく。SNSのプロフィールには「トー横界隈」や「トー横メイツ」と記し、なかには自称トー横の王、トー横の主、トー横の帝王などと名乗る人物が現れはじめる。その結果、トー横界隈に憧れる少年少女も増加。「#トー横界隈と繋がりたい」というハッシュタグも前述の自撮り界隈のタグと併用して使われるようになった。

組織化がはじまると、服装にも統一感が生まれていく。主に第一章で記したぴえん系だが、面白いのが男性も同様のファッションスタイルのものもいることだ。前述の地雷系の男性版で、目元にしっかりアイラインを入れている。ストロング系チューハイ、エナジードリンクを大量摂取しながらスマホを片手に騒ぎまくるのだ。

また、トー横発祥のファッションスタイルとして、「ドンペンコーデ」が挙げられる。大手ディスカウントストア「ドン・キホーテ」の公式キャラクターのドンペンがデザインされたTシャツ、パーカー、サンダルなどによるコーディネートだ。ニュースサイト「よろず～」が公開した2021年9月8日の記事「歌舞伎町ドンキ発『ドンペンTシャツ』が大ブーム『地雷系』から熱い支持」では、開発担当者がこう語っている。

商品開発担当者によると、「月乗りドンペンTシャツ」（通称・ドンペンTシャツ）は2016年頃から販売されていた商品。今年4月頃から「ドンペンTシャツは売っていますか？」、「最寄りの店舗でも販売してほしい」などの問い合わせや要望が増えたという。発売当初は都内の一部店舗のみで販売していたが、取り扱い店舗を増やし「ここ数カ月で全国350店舗以上に拡大」した。

ブレークのきっかけは、東京・歌舞伎町にある店舗で商品の配置を変更したことだった。「今年の2月に、新宿歌舞伎町店において、歌舞伎町らしい面白い取り組みができないかと、それまで異なる売り場で販売していたドンペングッズを、1階の人通りが多い売り場に集めてコーナー展開して販売を始めました。すると、人気に火が付いたようです」。

担当者は「推測にはなりますが、新宿歌舞伎町で友人同士でドンペンTシャツを着用された方がSNSに画像や動画をされたこともきっかけになったのではないかと思います」と続けた。ドンペンTシャツの購入者は「スマホやSNSに強いとされるZ世代の女性のお客さまが多い」といい、「その中でも特に『量産型』や『地雷系』といったファッションを好む方に多く支持をいただいているのではないかと思います」と説明した。


実際に2021年春以降、歌舞伎町ではドンペンの服装をする若者が急増した。その火つけ役はトー横キッズにほかならない。彼らのなかには家に帰らずネットカフェや格安ホテルに寝泊まりするものも多く、安く売られているドンペンTシャツを着替えのために購入した、と筆者は推測している。

Tシャツのボディが黒なのも地雷系スタイルに合っていること、何よりドン・キホーテ東口本店は靖国通りと歌舞伎町ゴジラロード入り口の角地にあり、ゴジラに並ぶ歌舞伎町の象徴的な店。そんな歌舞伎町のアイコンを着られるのも心地よかったのだろう。彼らはドンペンTシャツのほかにも、カラージャージ、カラーサングラスをつけている動画をSNSに投稿し、これが大きな反響を呼んだ。2021年の現在、歌舞伎町のガールズバーではドンペンTシャツを制服にして呼び込みをしている店舗もある。歌舞伎町とは縁遠そうな慶應のミスターコンテストに出ている若者が、ドンペンと一緒にしゃしんとってみました！＃地雷系」とドンペンコーデでTwitterに投稿するほどである。普段は歌舞伎町に縁のない人たちも、ドンペンやそこに付随する「ぴえん文化」を楽しんでいることがうかがえる。

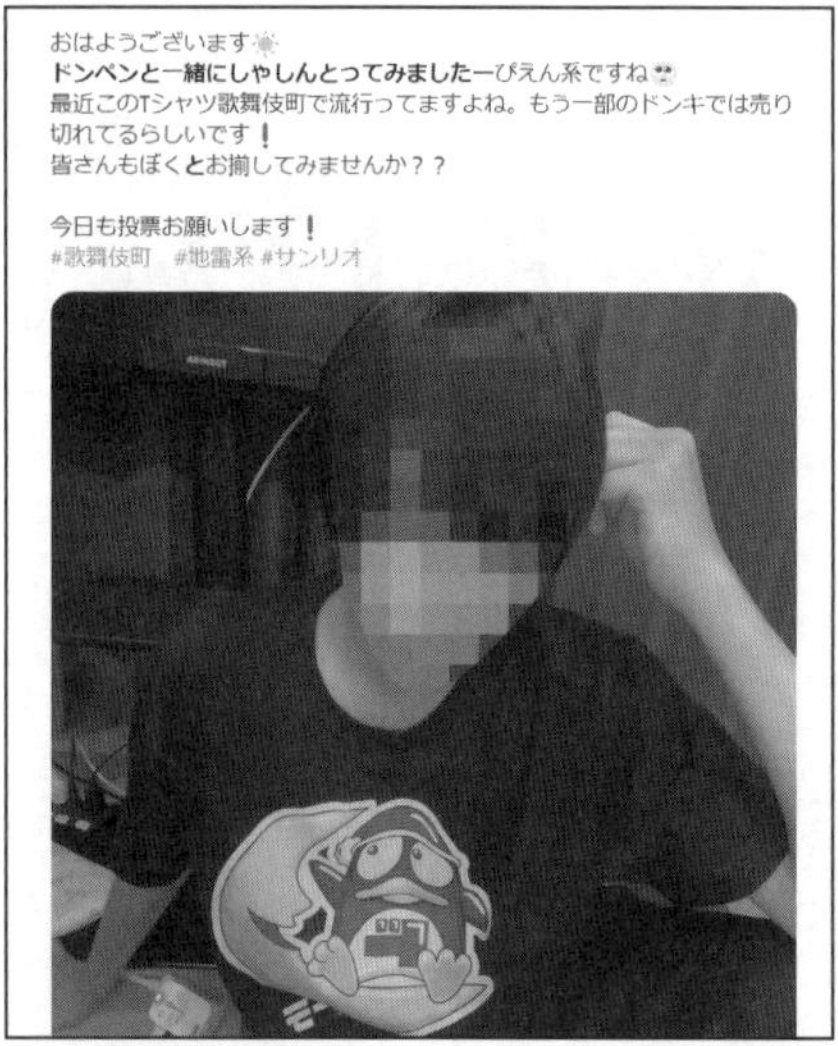
おはようございます
ドンペンと一緒にしゃしんとってみましたーぴえん系ですね
最近このTシャツ歌舞伎町で流行ってますよね。もう一部のドンキでは売り切れてるらしいです！
皆さんもぼくとお揃してみませんか？？
今日も投票お願いします！
#歌舞伎町　#地雷系 #サンリオ

大阪や名古屋にもトー横の存在は知れ渡り、大阪・難波ではトー横に対抗してグリ下（グリコの下のスペース）界隈（※1）、名古屋・栄ではドン横界隈（※1）というものも誕生したようで

ある。

事件が絶えないトー横界隈

トー横にはフォロワー数が数千人を数えるインフルエンサーもおり、SNSに路上で遊ぶ様子や踊る様子を投稿&配信。歌舞伎町の外にまでその認知度は広がっていくことになる。こうしたZ世代の文化の発信地である一方、事件性の話が絶えない場所でもある。

援助交際を行っている未成年者や、管理売春に巻き込まれる少女もいる。中年男性から「君いくら?」と尋ねられ、そのまま一緒にラブホテル街に消えていくのも珍しくはない。そしてメディアが取り上げるきっかけとなったのは、2021年6月に発生したホームレス暴行事件にほかならない。15歳の少年がトー横付近の路上でホームレスの60代男性の頭を踏みつけるなどして暴行。その様子が撮影されており、SNS上で拡散されたのだ。事件があったのは6月だが、同年8月7日のメンタリストDaiGoによるホームレスに対する炎上発言で再び話題になった結果か、少年は傷害容疑で8月23日に書類送検された。

しかし、それ以前にもトー横では深刻な事件が発生している。2021年5月11日、18

歳の専門学校生の少年と14歳の中学生の少女が歌舞伎町のホテルから飛び降りて死亡したのだ。彼らはトー横に出入りしていた少年と少女で、死ぬ数時間前まで「#数時間後に死ぬカップル」というハッシュタグとともにSNSに投稿を繰り返していた。飛び降りる前に市販薬を過剰摂取してOD状態だったこともわかっている。

筆者はこのカップルと事件当日、一緒にいたという16歳の少女レイ（仮名）に話を聞いた。

「彼らはODしてパキったから飛び降りたんじゃなくて、死ぬ気だったから薬を飲んで飛び降りた。もともと死ぬつもりだった。クスリの勢いとかじゃなくて、死ぬために飲んで、死ねるようにしたんだと思う。どっちかの道連れとか、無理心中じゃない。ふたりとも『人生、つらいね』って言い合っていて、同意の上で死んじゃったの。ふたりはトー横の何人かと仲良くて、いい子だったよ。一緒に撮影した写真もあります、ほら」

写真には、笑顔のカップルとレイ、ほかに何人かが写っていた。

「彼らが死んだ日も一緒に飲んでいました。別れてしばらくしたら、亡くなっちゃったという話を聞いて……。最初は嘘でしょ？　そんなわけないって信じられなかった。今でも界隈の仲間は『ふたりがそれでよかったんならいいよね』と言います。ふたりからいつも『親と仲が悪い』『家には帰りたくない』といろいろ聞かされていましたから、私たちから何も言うことはない。このシルバーの指輪は死んじゃった男の子にもらいました。警察に私物の大半を渡っちゃったらしいから、あの子たちの形見をもってるのはこの辺じゃ、私だけになっちゃったかも。実はふたりの後追いみたいな感じで、同じように飛び降りようとする仲間もいます。せっかく死ぬなら同じ場所で……みたいな。でも、それって死んじゃったふたりに対していいことじゃないよね？　って私は止めています。生きてる私たちが、そんな簡単に死んじゃっていいのかな、って毎日考えてます」

レイが抱えている孤独

そう語るレイ本人は、なぜトー横に足を運ぶようになったのか。

「きっかけは、アルバイト先のコンカフェの女の子が、トー横界隈だったんです。私はピアスも多いし、髪の毛も派手だし。それ以上に、リストカットの痕がひどくて。腕にも脚にもあるから……。そんな私を見て、同僚がバイト終わりに『今からトー横いくんだけど一緒に行かない？』と誘ってくれました」

黒いオーバーサイズのパーカーワンピースを着ているレイ。覗いた太ももには、確かに無数の傷のようなものが見えた。全身に自傷行為の痕があるのだろう。

「コンカフェで働きながら、終わったらトー横にいきます。今は親に承諾書を書いてもらって、歌舞伎町のホテルで暮らしています。ホテル代は一泊6000円くらい。だから一日働いたお金はほとんどホテル代に消えちゃいますね。週の半分をコンカフェで働いていて、お金がないときは別のコンカフェの体入（※2）を回ってお金を稼いでいます。コンカフェも体入やってるから、日払いでお金がもらえるのはすごく助かります」

彼女の家庭はネグレクト気味のようで、現在では両親とほとんど連絡を取っていないという。家族でも比較的に仲のいい姉とは、ゼンリー（位置情報共有アプリ）でつながっており、「何かあっても姉がわかるから大丈夫だ」とレイはこともなげに話す。

「トー横メンバーの大半はちゃんと学校に通ってるし、帰る家がある。でも、私と同じように複雑な家庭環境を抱え、家出して毎日歌舞伎町にいるような子も何人かはいます。最近は土日になると中学生もたくさんくる。みんな、悩みを抱えている。共感できて、一緒にいて楽しいんです」

レイにも心中したふたりのように、ODをしている時期があったという。

「市販の風邪薬を1～2瓶半とか飲むことで、ODができる。私も一時期、学校や家で嫌なことがあると、すぐにクスリやリストカットに逃げていたんです。私は未成年だからお酒は自分からは飲まないようにしてたけど、薬は大丈夫だから……。大人だって嫌なことがあったときにお酒を飲むでしょ？　あれと一緒の感覚です。ODするとフワフワして気持ちがいい。でも、抜けた後は眠くなって、起きたら頭が痛くて動けなくなる。ちょっと前、歌舞伎町のラブホテルの前でぴえん系の女の子が泡を吹いて倒れていて。横に風邪薬のびんが転がっていた。この子もODしてパキって（※3）こうなったんだって。ホテルから飛び降りたカップルの件もあるし、あぁ、私もいつかこうなるかも。意識を失ったり、最悪死んじゃうかもって……。そこから薬の大量摂取はやめました。でも、リストカットはやめられない」

トー横で生きるレイ。彼女はメディアで大々的に取り上げられることを、どう感じているのか。

「警察がよくくるようになったけど……正直、すごく緩い。手にお酒をもっている状態で身分証の提示を求められても、『免許証も保険証ももってないで～す！』と突っ返せば終わり。居場所がなくなるのは困るけど、まぁ、友達がいれば別の場所でもいいんですよ。この状況から抜け出せるとは思ってないけど、歌舞伎町で生きていきたいわけじゃない。彼氏をトー横でつくる気もない。歌舞伎町で出会った人は信用しちゃいけないと思ってて。私、いろいろ矛盾してますよね（苦笑）。だって、この街で生きる人の大半がお金のために生きているでしょ？　ホストもホス狂も」

レイに話を聞いたのは2021年7月のことだったが、緩かった警察の動きが加速。同年9月19日夜、一斉摘発が行われた。10人前後の未成年の少年少女が補導されることになる。その後、彼女にDMを送っても既読にはならなくなった。

トー横で日銭をかき集めるマリ

トー横で補導される少年少女のなかで筆者は、マリという16歳の家出少女にも話を聞いた。前出のレイは黒を基調としたロングパーカーに派手な髪色をした地雷系ファッションであったが、マリは華奢な体に白いレースの服、黒いスカート、ピンクのリボンで量産型

ファッションを好む女の子だった。筆者には18歳と話していたが、補導のニュース後、彼女が16歳だと知った。マリはトー横を拠点に、歌舞伎町周辺を歩きながら一人で歩いている男性に声をかけ、1000円をもらう日々を送っていた。なぜ1000円なのか。

「基本的にその日過ごすためのお金をもらっているんです。パパ活ってほどじゃない。おじさんに話しかけて、『実家が千葉県の奥のほうで、帰るのに1000円くらいかかる。親には縁を切られていて、早く荷物を取りに来いと言われている。今日帰らないと荷物を捨てられる……。だから交通費くれませんか？』と交渉するんです。もちろん実際に帰ったりはしません。1000円もらったら、すぐに別の人にも話しかける。同じ広場で数人に声をかけてお金をもらっていたら、最初に声をかけたおじさんから『お前、家帰ってないじゃん！』って怒られたこともありました」

パパ活でも援助交際でもなく、路上で声をかけて1000円をもらうマリ。中年男性の同情心を誘って支援してもらっているともいえるが、ある意味、ホームレスだ。アルバイトなどは考えないのか。

「私、一応アイドルなんです。いろいろ問題があり事務所が給料を払ってくれなくて……。親からは『毎月20万円を家に入れろ』と言われている。そんなの絶対無理だから断ったら、『家から出ていけ、帰ってくるな』と追い出されちゃった。アルバイトをしたいけど、事務所の契約上できないんです。とりあえず漫画喫茶に泊まるお金の2000~3000円を稼げたらいいかな、って」

レイの親もまた、毒親だ。筆者は彼女に2000円を渡すと、「お姉さんありがとう！」とLINEを交換することになった。マリは一日に最高8000円を稼げることもあり、収入（?）が多い日は少しだけごはん代を奮発するという。友人の少女とともにインターネットカフェに泊まりつづけて2週間近く。歌舞伎町からは一切出ない日々を送っていた。

彼女が我々に語ったことがどこまでが本当かはわからない。一斉補導のあと、連絡が取れていないが、風の便りでは一時的に親元に帰ったという。親との関係性が悪かったマリだけに、すぐに歌舞伎町で再会しそうだと筆者は思っている。

誘拐事件で人気者になった男

もうひとつ、トー横でメディアに取り上げられた事件がある。2021年5月の誘拐事件だ。界隈でも中心メンバーだった当時20歳の男が、トー横に出入りしていた13歳の少女を誘拐したとして、逮捕されたのだ。ふたりはSNSで交流を深め、トー横で会い、関係をもっていたという。男が警察に取り囲まれている様子も撮影され、仲間たちは「あいつは児ポで逮捕！」「誘拐ワロタwww」などとからかう投稿を行っていた。彼らにとってはさほど大事件ではない様子だった。

逮捕された当の本人も釈放後にすぐに、報道された実名をハッシュタグにし、自撮りを中心にした動画を数多くTikTokに投稿した。謝罪もなく、反省の色は一切見られないこの行動。炎上するかと思いきや、投稿のコメント欄には「〇〇君（男の名前）やっぱりカッコイイ！」「推しです！」「はやくお金稼いであなたに貢ぎたいよ～」「いくらで会ってくれます？」など、ファンの女性たちによる好意的なものも多く見受けられた。そのコメントの多くが、中高生の少女。そう、男は割とイケメンだったのだ。

男はその後、歌舞伎町のバーとコンカフェで働きはじめる。事件があったことなど一切気にせずSNSの投稿を続け、ファンの女性たちは店に通うようになる。なかには男がSNSにアップしたPayPayのQRコードに、送金するファンもいたという。

男に好意を抱いていたという12歳の少女が、SNSを通して男に好意を伝えると、「好きなら貢いでよ」と金銭を要求されたという。そして少女は数万円を稼ぐ手段として、SNSで援助交際の相手を募り、歌舞伎町のインターネットカフェなどで自身のカラダを売ったという。そんな事情をネットで晒していた。

こうした信者たちの応援により、男はバーでひと月100万円の売り上げを達成する。実際に男に貢いだと話す14歳の少女・アヤカに接触したのは、2021年7月のことだ。彼女も誘拐事件の後に、男と出会ったと話す。

「最初、TikTokでトー横を知りました。自分と同じようなぴえん系の服を着ている男の子・女の子がいっぱいで、チョーかわいい〜と思いました。だから自撮り垢（※4）で『私もトー横に行きたい！』と投稿したら、彼から『待ってるね〜』と返信がきたんです。あのときは嬉しかったな〜。Twitterのダイレクトメッセージの交換をするようになり、『案内してあげるよ』って言われて。駅まで迎えにきてもらうことになりました」

当日、少女は食事をご馳走になり、男から「お金を取りにいくから、借りているホテルで待っているか、歌舞伎町をウロウロして待っていてほしい」と言われたという。少女ははじめての歌舞伎町を歩く勇気などもなく、ひとりでホテルで待っていた。そしてホテルに来た男はお酒をもっていて、「飲もう」と誘ってきたという。14歳の少女が経験するはじめてのホテルに、はじめてのお酒。そして……、ベッドにくるように誘われた。そこで初めて、男の目的を察した。彼女は必死に抵抗し、未遂で終わったという。

「事件で未成年に手を出していたのは知っていたけど、自分もそうなるとは思いもしなかった。今思えば、バカですよね。最初会ったときに年齢聞かれて、14歳って答えたら『俺ロリコンなんだよね！』と嬉しそうに言ってました。冗談だと思ったんですけど……。話すことは楽しかったので、『エッチなことはしない』と約束して、翌日もトー横で遊びました」

アヤカの家庭環境はいたって普通だ。会社員の父と専業主婦の母、そして妹。ただ、本人が病気を抱えていた。

「2年前に適応障害って診断されました。それから父と喧嘩するたびに『お前は何でも病気のせいにする』と責められて……。学校でもいじめがあり、不登校に。でもコロナで父がテレワークで家にいることは増えた。何度も何度も喧嘩した。罵られた。自宅にも学校にも、居場所がなかった。そんなときに知ったのが、トー横でした」

男と一緒にトー横で撮影した動画はＴｉｋＴｏｋにも投稿され、彼女が通う学校で大きな話題になった。クラスメイトのなかで、「アヤカは児童ポルノで逮捕されたやつと一緒にいる」「売春している」などの噂が広まり、彼女をより傷つけた。相談できる相手は、トー横で知り合った友達だけだったとアヤカは話す。

「メンバーと話すのすごく楽しかった。普段騒げる場所がなかったから、走り回るのも、踊るのも楽しかった。でも、あの男の件があってから、もうトー横には行ってない。今は歌舞伎町で知り合った彼氏と幸せにしています」

男は未成年に手を出し続けていたのが理由か、２０２１年7月20日以降、ＳＮＳに一切の投稿をしなくなった。だがその後、またしても彼の姿をメディアで目にすることになる。２０２１年10月28日、その男は再逮捕されたのだ。

16歳の女子高生と性交し、その様子を盗撮したとして、警視庁少年育成課は、児童買春・ポルノ禁止法違反（児童ポルノ盗撮製造）などの疑いで逮捕したのだ。男は「ストレス発散のためだった」と容疑を認めている。テレビのニュースで「トー横界隈」という言葉が使われた初の事件となった。アヤカのようにトー横に興味をもっていたり、憧れている未成年の少女を言葉巧みに誘い出し、行為に及んでいた男。彼のスマートフォンには複数の児童ポルノ画像や動画が確認されており、同課は余罪を含めて捜査を進めている。

このような事件が連続しても、前章で記した高岡被告と同じように、男のTikTokの動画は人気で、2021年11月7日時点で約2200万回も再生されている。さらにファンアート的に男の写真や動画、逮捕当時の動画を加工したものもSNSには多数アップされ続けている。再逮捕後はさすがに「またかよ」というコメントがあふれていたが、最初の逮捕後は「早く会いたい。○○くん（男の名前）ちゅき。カッコイイ、いけめん、推し、＃○君　＃○○　＃アイラブ歌舞伎町　＃いつか会いにいくね　＃推しです　＃○○しかかたん」というコメントが動画に添えられていた。歌舞伎町には青年の髪色やファッションを真似する少年たちがあふれている。男の「二号」と名乗る若者が現れ、最近では五号まで誕生していた。二号の動画ですら、逮捕された男を崇拝するコメントで溢れており、神格化した存在となっていることがわかる。

筆者は2021年10月下旬、界隈の最新事情を探るべく、トー横キッズが働いているというバーに潜入した。筆者以外は店員も客も、全員未成年に見える。店も仕切るような人物がいないのか、全体的にグダっとした印象を受けた。カウンターで筆者の前に立った青年は、例に漏れずドンペンファッションに身を包み、「20歳ってことにしておいてくださ〜い」「とりあえずカラオケします?」「アゲっすね」と会話を盛り上げようと接客してくれた。聞けば、店のオーナーは歌舞伎町でそこそこ有名なホスト。現在の歌舞伎町では、ホストがバーやシーシャバーをオープンすることは決して珍しくない。こうしたバーは深夜1時を回るとホストクラブの延長営業のようなかたちで、客やホストがなだれ込むこともある。接客する青年が、現在の懐事情を語ってくれた。

「ＰａｙＰａｙのＱＲコードをＳＮＳに貼っておくと、数百円から多いときは2万円とか送金されてくる。ファンたちは俺に認知してほしいってのがあるんじゃないですかね?だからバーにも来てくれる。接客とかじゃなくて、単に俺と話したいって感じっすね」

有名人に会いたい、認知されたいという欲求に加え、年齢確認が緩いバーは未成年の格好のたまり場になっているようだ。

「推し」てもらうために売春を斡旋する

ぴえん系女子のなかには自分が応援する、いわゆる「推し」に対し、直接金銭を渡すのを生きがいに感じている者が多い印象がある。それを知って受け取る側も「俺を推して！」「お金を恵んで！」と気軽にSNSに投稿し、キャッシュレス決済のQRコードを貼りつけるケースも多く見られる。その結果、誰かを「推す」ために売春行為に手を染める未成年まで存在するのが実情だ。

トー横のなかで知名度の高い青年たちが、未成年の少女たちに売春を斡旋する場合もある。以前、SNSに全裸姿の少女が、「稼げなくてごめんなさい」と、笑う男の前で土下座させられている動画が投稿された。筆者はトー横のメンバーが、少女たちを使い仲間らと援デリ（※5）を企てていたというLINEのやり取りも入手している。

「援デリの料金やシステムってどんな感じなの？」

「簡単に言うと女になりきり、出会い系はSNSに売春の募集をする。ゴムあり1・5、プチ1、生外2、生中3です。女の子の売り上げから4割もらう感じですね」

「安いね。それが今の相場なの？　場所はネットカフェGの個室？　それともラブホ？」

「Gです」

「自分の場合は値段を安くして、リピーターを増やすって感じです」

こちらは2020年7月のやり取りだ。インターネットカフェGは、トー横から近いことからメンバーの寝床兼売春場所として知られている。ただ、前述の未成年誘拐、児童ポルノの男の再逮捕もあり、トー横は2021年夏のような盛り上がりは見せていない。夏休みも終わり学校が始まったからという意見もあるが、自称トー横の王や四天王と名乗っていた中心人物がトー横に頻繁に出入りしなくなったことも一因だと推察される。彼らのなかには、逮捕された男と同じような罪を犯している可能性のある人物も存在し、捜査の手が伸びることを警戒しているようである。

トー横から移動したキッズたち

トー横キッズが一般に認知されて、約1年。そして2021年夏の終わり、キッズたちは新宿TOHOビルの東側路地から、建物を挟んだ反対側の歌舞伎町シネシティ広場に移動した。同時に王と呼ばれていた男性も界隈から消えた。移動の直前にはトー横に自警団

トー横の歴史

2018年「トー横誕生」
待ち合わせとして使われていた時期で、今のように動画を撮ることも、わざわざ「トー横」というハッシュタグをつけることもなく「ただそこに行けば誰かがいる飲み場」として存在していた。

2019年末「〝TOHOキッズ〟の言葉が定着」
知名度がついてきたころであり､歌舞伎町にいるほかの人たちから「トー横のガキ」「お金のない未成年」と揶揄されていた時期である。このころからぴえん系という言葉が使われるようになってきた。「TOHO 前で酒飲んでそう」などという表現が歌舞伎町で伝わるようになる。

2020年夏「トー横の組織化」
トー横の王を名乗る男性が現れはじめ、組織として統率がされるようになる。「トー横界隈」という言葉が生まれ、ひと括りにされはじめた時期でもある。Twitter での「トー横界隈」という最古のつぶやきは 2020 年 2 月 19 日、その前は「トー横民」「トー横メイツ」などという呼びかけがなされていた。

2021年春以降「トー横キッズの犯罪が続発」
トー横の知名度が全国区に拡大。ファンも数多く誕生し、自撮り界隈のハッシュタグに「# トー横界隈」「# トー横界隈と繋がりたい」が用いられるようになる。キッズのスタイルを模したファッション、コスプレをして歌舞伎町を歩く若者も増えはじめる。また、夏から未成年誘拐、管理売春などの事件が頻発。多くのメディアが取り上げるようになる。キッズたちのなかにはトー横の王だけでなく、〝四天王〟を名乗る人々が台頭しはじめる。

ゴジラの壁画が印象的なシネシティ広場

2021年夏「トー横からの移動」
トー横キッズの存在が社会問題化。彼らが座り込む花壇には〝鳥よけ〟のようにトゲトゲの座り込み防止シートが設置される。警備員も巡回し、警察も未成年を対象に補導する頻度が増えはじめる。そして、界隈のキッズたちは移動を始める。

のようなものも形成され、周辺をゴミ拾いし、ポイ捨てする少年少女に注意を呼びかけたり、トラブルがあったときに仲裁するなどの役割を担っていた。

移動先の広場だが、もともと新宿・歌舞伎町における路上飲みの聖地として知られていた。隣接するナイトクラブの「新宿WARP」にライブハウス「BLAZE」は泥酔した若者たちに溢れ、その横にはホームレスたちが酒盛り。反対側のアパホテル前には異国の街娼たちも座り込んで客を待っている。

広場のトー横キッズも人数が増えすぎたためか、少しコミュニティが分散しているように感じる。初めてトー横に来たと覚しき少女は、複数の集団の間を行ったり来たりしながら、輪に溶け込めてない様子。誰もが楽しめる雑多な飲み場だったトー横は、いつの間にか放課後の教室のようなうっすらとしたグループ分けができていた。近くのゲームセンターのトイレに筆者がいたとき、彼女たちの話し声が聞こえてきた。

「ねぇ、今から一瞬、広場に寄っていい？」

「えー、最近めんどくさいからイヤだなぁ。アイツいるし」

「この時間ならいないって。大丈夫だよ」

「うーん。一瞬だけだよ、本当に」

家庭環境や学校の人間関係からの逃げ場だったトー横にも、複雑な人間模様は織りなされているようである。広場でたむろしていた少女に「あなたはトー横界隈なの？」と尋ねると、「あいつらと一緒にしないでよ」と返された。そのくらい細かい棲み分けがなされているようだ。傍からみればその差はわからないが。

実際、広場前に中学の宿題のプリントと缶チューハイが並んでいて、それを解いている少年の横で中年男性が笑いながら酒を飲みながら見守っていた。年齢に関係なく繋がるたまり場のような一面が、今の広場前に生まれつつあるようだ。

私が歌舞伎町に足を運び入れた2015年には、こんなことはあり得なかった。歌舞伎町は普通に危ない場所だと思っていた。一緒に足を運ぶ友達なんていなかった。同年代の友達が増えたことなんてなかった。そんな私からしたら、トー横界隈はすこし羨ましいし、私が15歳だったら一度は訪れているんじゃないかと思う。それでも、すべてを肯定することはやはり難しい。

今でも歌舞伎町を歩いていると唐突に中年男性から「君いくら？」と聞かれることがある。この街にいるってことはそういう女の子なんだと見られる。トー横にいる女の子＝売春するというイメージも報道によりつけられたようで、ＳＮＳでは「トー横でお金に困っている子いませんか？」と買春目的の男性のアカウントも生まれつつある。

12歳の少女が売春相手を見つけたのもSNSだった。トー横の女の子の多くは自撮り界隈出身であり、当然、自身の写真をアップしている。かわいい女の子には多数の援助交際のオファーが届く。いつでも魔の手が迫る。また、すぐ横に歌舞伎町のお金を使う文化がある環境は、やはり金銭感覚も狂いやすいし危険だ。とはいえ、彼女たちを強制的に家庭に引き戻すような行為は意味がないと筆者は考える。問題があるから逃げてきたのに、問題が起きている場所に追い返すだけでは、問題がくすぶるだけだ。

何ができるのか、何が正しいのかは今後も考え続けたい。今、ある意味悪い大人もまともな大人も目を光らせることができる「路上」という場所に彼らがいてくれるのは、早期発見・早期解決をするうえで大切なことだ。過干渉にならず、かといって放置もせず、問題が起きたら大人が大人らしい対応をして助けるということが、ひとまずの対策としては適切なのではないだろうか。

ＴＯＨＯ横にキッズたちはいなくなったが、体育祭か文化祭終わりの記念Tシャツを着た女子高生が写真を撮っていた。もはや撮影スポットのようだ。私たちの時代でいうと原宿の竹下通りのような感覚で、彼女たちは歌舞伎町に集まっているのだろう。

そして2021年11月27日には、歌舞伎町のビルで発生した殺人事件で、メディアは〝トー横キッズが関与している〟と報じた。トー横界隈の人間が減り、若者たちの憩いの場である現在のシネシティ広場は、今回の報道でまた姿を変えていくのだろうか。

注釈

※1 グリ下界隈・ドン横界隈
大阪のグリコ坂の下のスペースをグリ下界隈、名古屋・栄のドン・キホーテの横をドン横界隈として、トー横のように若者がたむろしている。トー横メイツ（トー横の少年少女たち）が大阪に行くときは「大阪遠征」などと表現しているのがSNSで見受けられた。

※2 体入
「体験入店」の略称。本来はキャバクラなどで働くときに、いろんな店舗で実際に働いてみて入店を決めるためのシステム。しかし、その場で日払いでもらえるため入店の意思はないが体験入店だけを行い、日銭を稼ぐ「体入荒らし」が横行している。

※3 パキって

ODやお酒で精神を高ぶらせること。語源は抗うつ剤の「パキシル」とされている。精神的にキマっている状態を「パキる」というので、ネットスラング的に単に興奮状態であるときにも使われる。大量の薬の写真とともに、「パキるが〜〜!」などと投稿するケースも見られる。

※4 自撮り垢

自撮りを上げることを目的としたSNSのアカウント。裏垢（匿名のリアルとは違うアカウント）と併用して使っているパターンも多い。自撮りを上げ、「#自撮り界隈」「#オシャレさんと繋がりたい」などのハッシュタグを用いて交流を行っている。SNSで出会って会話をしたり、実際に会うケースも。そうしたコミュニティは「自撮り界隈」と呼ばれている。「自撮り　たぬき」で検索すると自撮り界隈のいろんなものを垣間見ることができる。胃もたれ注意である。※「たぬき」とは、ネットの匿名掲示板のこと。

※5 援デリ

援助交際とデリヘルをかけ合わせた言葉。出会い系サイトや掲示板などで、打ち子と呼ばれる男性スタッフがやりとりをし、女性を待ち合わせ場所に派遣する組織的な売春のことである。打ち子も援デリのキャストも今は紹介やSNSでの募集が行われている。普通の風俗と違い60分などの時間的に制約がないため、荒稼ぎすることも可能。

第三章

歌舞伎町「自殺」カルチャー

自殺の名所になっている雑居ビル

2020年の国内の総自殺者数は2万1081人。特に10代、20代の自殺者数は3298人となり、前年に比べて2割近く増加した。筆者は2021年現在も、若者たちが自ら死を選ぶケースが多いと実感している。とりわけ歌舞伎町では――。

前章では2021年5月に、SNSで自殺宣言した後に某ホテルから飛び降り心中したカップルの事件を紹介した。事件から約1週間後の5月18日、住民が自殺、殺人、火災死などで死亡した事故物件の情報を提供するサイト「大島てる物件公示サイト」には、同じビルから男性が飛び降り自殺したことが記されている。コメントには、「黒いジャージを着た男性が身を乗り出して足をプラプラさせしばらく滞在していたが飛び降り自殺　一週間前のカップルの後追いとも言われているようです」とある。

このホテルは歌舞伎町シネシティ広場に隣接し、多くのトー横キッズたちも利用することで知られる。自殺スポット的なイメージがついてしまったが、歌舞伎町で最も飛び降りが多い場所は別にある。

2019年9月、多くのホストクラブが店を構える某ビルの屋上、今にも転落しそうなビルの桟敷に座り、素足をプラプラしている赤い洋服の女性の姿があった。かなり酔っているのか、その挙動は不安定であったため、多数の目撃者が撮影し、投稿。瞬く間にSNSで拡散された。

警察や消防の迅速な行動により、女性は無事に保護され、自殺未遂に終わった。彼女は後日、自身のTwitterアカウントにこんな謝罪文を投稿している。

「『T』（ビルの名称）の屋上でストロング飲んでてすみません。死ぬつもりなかったです!!　朝日を眺めてただけなので特になかったです。朝からすみませんでした!!」

彼女はホストクラブに通っていた19歳、リフレクソロジーで働いていたという。少し話がそれるが、このビル『T』は度々、心霊現象が発生することでも有名。エレベーターが原因不明で停まる、死んだホストと風俗嬢の霊が出るなど。歌舞伎町の深い怨念が、ビルに染みついているのかもしれない。そしてTはアオカンの名所でもある。そもそも歌舞伎町は全体的にアオカンが多い街であることに留意していただきたい。ホストクラブがたくさん入っているビルでは非常階段でセックスしているホストと女性が多数いる。鉢合わせをして「上の階段を使ってください」という冗談みたいな話もよく聞く。Tにあるホストクラブに通う女性とホストが、営業中に中抜けしてわざわざ屋上でイタしていたという話すらある。

ほかの街に比べて野外趣味のある人間が多く生息している街なのか、ラブホ代をケチった結果なのか、それともモラルの欠如なのかは断定できないが、結果的にそうした話が噂やSNSで広まり、「歌舞伎町といえば」という行動様式のなかに屋上や非常階段でのセックスが含まれているのは事実である。奇しくも追い詰められた人間が最後にたどり着く「死」の名所と、浮足立った男女が立ち寄って性交する、いわば「生」の名所が、同じビルの同じ屋上であるというのは大変な皮肉である。

話を戻すが、同ビルでは2018年に未遂もかなり多かった。1月9日、5月13日、9月23日、10月は4日と5日と27日という頻度である。ただ、この自殺未遂だが、筆者はひとつの駆け引きも含まれるではないか、と感じている。というのも歌舞伎町の住人である女性たちは、精神が落ち込んだときに「Tに行きたい」や「Tで飛び降りたい」とSNSに投稿する。なかには「Tから電話したら出てくれる?」と担当ホストに告げて反応を確かめている女性もいた。

筆者がTの前を通り過ぎるとき、キャバ嬢らしき外見の若い女性ふたりが「このビルって、いつ人が落ちてくるかわからないよね～」と冗談を言いながら缶チューハイを片手に記念撮影をしていた。もはや名物スポットだ。それほど詐欺的に男女間の駆け引きに使われたり、「ここから落ちたらラクになるかな」といった軽い気持ちで屋上に足を運ぶ女性は多いのだ。過激な「自殺配信」というタイトルをつけてSNSでライブ配信したり、画像つきで「何かの拍子にうっかり落ちたらいいね！」と投稿する子もいる。投稿には「死なないで！」「生きて！」というコメントがつき、それで当事者が自殺を踏みとどまるケースも確かにある。

しかし、その一方で、本当にそのまま屋上から落ち、数か月後に「入院してました」「死ぬのに失敗しちゃいました」とあっけらかんと投稿する子も存在する。そんな飛び降りラッシュで、警察や消防が出動している横で野次馬が「早く飛び降りろ！」とヤジを飛ばしている現場に遭遇したことがある。この街は命が軽すぎる。そう痛感した瞬間だった。

死に場所を自宅でも富士の樹海でもなく、歌舞伎町を選ぶのは、彼女たちが死ぬ原因も生きる原因もそのすべてがこの街にあったからだろう。不器用で乱雑な生き様をも受け入れてくれる歌舞伎町という街は、死にざますらも受け入れてくれる街なのかもしれない。非現実な街で死ねば、死にざまだけでも「エモい（※1）」ものとして最後に消費してもらえるからだ。

屋上で「一緒に死のう」と誘われた

筆者は、歌舞伎町が自殺ブームが報道された2018年10月、Tで今にも飛び降り自殺を図りそうな現場に遭遇したことがある。夜が明ける直前で、友人と観光気分でTに足を運んだときのことだ。「名所の屋上を見に行かない？」、筆者も最初はそんな軽い気持ちだった。

きしむエレベータで最上階に向う。屋上へ続く扉は鍵がつけられており、しっかり施錠されていた。その前に長身のホストが立っていて、鍵のついた扉を飛び越えようとしていた。彼に話を聞くと、「自分の姫が屋上にいて、死のうとしていると連絡があった」という。Tの屋上は、以前は誰もが行けるようになっていたが、騒動を受けて鍵が取りつけられていた。ホストがその長い脚でヒラリと扉を飛び越え、外側から鍵をあけて私たちを屋上に招き入れた。そして、屋上のビルの縁には、髪の長い女性がバランスを崩したらすぐにも落ちそうな状態で立っていた。ホストが「ほら、帰るよ！」となだめるも、「いやだ、死ぬ。なんで来たの。私のこと嫌いって言ったじゃん！」と拒絶する。

自暴自棄なのか、部外者である私と友人に対しては、「お姉さんたちも一緒に死にませんか?」と声をかけてくる始末だ。ホストは時間をかけて、声をかけながら慎重に近寄り、彼女を抱きかかえた。屋上から出て、全員でビル1階のらせん階段で話を聞くことになる。

「私、生きてる価値あります?」

嗚咽交じりに泣く彼女。友人が問いかける。

「閑散期だったの?　どうしたの?」

一般的に10月は風俗業界で「閑散期」と呼ばれる。8~9月は夏のボーナスで散財するが、10月は一気に引き締めに入るのがその理由だ。結果、水商売は客入りが減って稼ぎも少なくなる。ゆえに、これだけの飛び降り騒動があったとも言える。それが歌舞伎町の住人たちの見解だ。

「もう働きたくない」

「働かなくていいよって言ってるじゃん」

けだるそうな表情のホストが、彼女の言葉に答える。

「でも、お金を使わなかったら、私と一緒にいたくないじゃん。使わなかったら嫌いでしょ?」

苦笑するホスト。私も友人も「そんなことないよ」と否定する。

「だって結局、営業じゃん！」

彼女は叫んだ。そう、ホストの甘い言葉の大半が色恋営業だ。しかし、営業じゃない本心がそれでもある、お金で繋がれた関係のなかで、本当の気持ちが生まれることを客は多くの場合、期待してしまう。

今、この場で同じホストクラブに通う「客」という立場から、感情を共有してなだめられるのは筆者だけだ。そんな使命感から、彼女の気持ちをひたすら言語化することに徹した。

「こんなにきれいだから大丈夫だよ。営業だったらここまで来て、心配してないよ。今までお金を使ってきたから、使わなくなったら自分に価値がなくなるって不安は、同じ姫としてわかるよ。使えば使うほど心が重くなっちゃうよね。働きたくないよね、この時期は特に……」

客はお金を注ぎ込むほど、ホストに対する期待が大きくなる。「酒を飲んで楽しむ」だけが目的なら、使える金額にはある程度上限がある。それより上の数十万、数百万を使うのは、「担当の顔を立てる、担当のことを応援したい、これだけ使えば私を大切にしてくれる、お金だとしても好きになってくれる」といった楽しむ以外の感情がないと難しい。積み重ねた高額の支払いは、関係が終わったときに何も残らない恐怖感から、奈落に落ちようとも、必死についていくしかなくなるケースも発生する。負の連鎖だ。少し落ち着いてきた彼女が、私にこう問いかける。

「お姉さんの仕事はなんですか？　風俗？」

「お姉さんはね……。昼と夜のかけ持ちだよ」

「夜って風俗？」

「うん、風俗」

仲間意識をもってもらうために、とっさのうそで話を合わせた。すると彼女は共感相手がいるとわかった安心感からか、少しだけ表情が和らいだ。

「だってさ〜、気持ち悪いじゃん。おっさんって」

彼女の心からの言葉に、心臓がキュっと痛んだ。いったいどれほどの男を相手にして、彼のために稼いできたのだろうか。彼女は川崎のソープ嬢だという。友人が「あそこは単価低いし、保証も低いよね。頑張っているんだね」と話を合わせる。私が聞く。

「あなたはホストにとって、エース（※2）なの？」

「ううん、違うよ」

「お姉さんがエースじゃないとか、おまえ売れてんな！」

思わずホストのほうにツッコんでしまった。病むほどソープランドに出勤する女の子の、さらに上をいく客を抱えているということは、このホストはかなりの売れっ子なのだろう。ホストも打ち解けてきたようで、少しずつ口を開くようになる。

「俺、明後日バースデー（※3）なんですよ。でも、閑散期とわかっているから、使わなくていいって言ってるんですよ。みんな無理しちゃって、俺……、ストレスで全身ジンマシンっすよ」

それを聞いて、私も友人とふざけてみる。

「お誕生日なんですか。同業（※4）行っていいですか？　安いシャンパンくらい卸すんで!!」

彼女も少し冗談を言うゆとりができたようで、「じゃあ一緒に行きましょうよ！」と返して笑ってくれた。

「ソープはマジで気持ち悪いよね。働かなくていいよ。そもそもこの時期にバースデーの担当が悪いって！」

私は悪ふざけのノリで彼女を励ます。

「嫌になったきっかけがあって……」と彼女が言葉を返す。

「めちゃくちゃ嫌いな被りが、Ｉｎｓｔａｇｒａｍで匂わせてるんです。『シャンパン卸したよ〜、お金使いました！』みたいな画像を投稿していて、それがホスラブ（※5）に掲載される。そういうの見ると……、やっぱり冷めるじゃん！　私以外にもやっぱりお客がいて、私より多くのお金を使っているんじゃん！　頭ではわかっているけど、目のあたりにすると、キツい……。だからバースデーで少しでも使いたくなったの」

それを聞いた男が、深いため息をつきながら話す。

「結局、インスタの投稿を許した俺が悪いわけでしょ？　だから、おまえには『お金使わなくていいよ』って言ったじゃん。それが理由で飛び降りようと思ったの？」

ホストはもう「自分のためにお金使わなくていい、仕事はやめていい」とまで言っている。普通の人なら喜べることなのかもしれないが、彼女は「行かなかったら私に価値なくない？」とまた確認する。ホストが答える。

「別に俺は思ってないよ。行かなかったら価値がないなんて　自分が思ってるだけじゃん」

しばらく沈黙が流れたあとに、彼女はまた「死にたい」と小さく呟いた。

歌舞伎町における価値とは

自殺未遂を図った彼女が口にした「お金を使わない私に価値なんてない」というセリフの意味を、筆者は3年を経た現在も考えてしまう。歌舞伎町における「価値」とはなにか。この街では「お金を使っていなければ価値はない」「売り上げが多くなければ価値がない」、そういう極端な思考に陥りやすい。夜の世界が自分自身に「数字」という価値をラベリングする社会だからだろう。

源氏名という分人主義的な別の名前をつけているとはいえ、夜の仕事が本業になってしまった人間は、アイデンティティが源氏名に寄りがちになる。そして、その数値に置き換えて自分自身の価値を考え続ける人は、その数値が低くなったときにアイデンティティクライシスに陥り、価値がわからなくなってしまう。

筆者の友人の女性は50万円をホストクラブで使った日、営業後にホストから「アフターするからね」とホテルで待たされた。しかし、数時間の音信不通後、筆者に「私には50万円の価値もないのかな？」という一文とともに手首を切り裂いた写真を送ってきた。

ホス狂の女性の一部には、毎日風俗で働いた稼ぎを担当するホストに申告する者もいる。「今日は暇で3万しか稼げなかった、ごめんね」といったLINEから、「今日は完売で15万。頑張った！」と努力を認めてほしい旨の連絡もある。毎日毎日、自分の価値を連絡することで、認めてほしい、そういう意識を感じる。風俗で働く友人が仕事の上で何より病むのは、プレイ以上に暇なことだと言っていた。

「プレイが乱暴なお客さんとか、クソ客と接してるときって、終わってしばらくしたら病むけど、お金を見たら落ち着く。だから暇なのは本当にキツい。ソープランドの監獄みたいな環境下で、何時間もお客さんを待ち続ける。お店のサイトを見ると、私以外の女の子はお客さんが入ってる。そういう状況が一番キツい。カラダを売って、写メ日記で不特定多数の人にハダカを晒して、それでも指名がこないときはある。私に需要ない？　私に価値ない？　ネガティブな思考がぐるぐるする。もちろん、お店全体が暇だったり閑散期とかもあるけど、お店に干されたかな?とか余計なことまで考えちゃう。担当ホストには当たり散らしそうになるし……負の連鎖、本当に死にたくなる」

2019年、ニュースサイト「週刊ポストセブン」（1月25日配信）の記事によれば、2018年10月に歌舞伎町の2つのビルで、未遂も含めて少なくとも7件の飛び降り騒動が起きたと報じている。同時期に私が遭遇した未遂事件も含めれば、合計8件だ。同年10月2日に発生した事件では、ホス狂の女性が飛び降りたこと、また下を歩いていた男性が巻き込まれて重傷を負ったことが大々的に報じられた。女性は病院に搬送された後に死亡している。そして本書を執筆している2021年10月にも、歌舞伎町のビルから飛び降りた人がいた。

ネットや歌舞伎町という非現実な世界で生きがいを求め、存在価値を感じることが難しくなったとき、非現実さゆえに命は軽くなっているのかもしれない。

注釈

※1 エモい
「エモーショナル」から派生した若者スラング。ノスタルジックだったり感動的だったり、何とも言えない感情を表現するのに便利な言葉。ぴえんよりもやや情緒的。放課後の赤い夕焼けが差し込む景色、水泳の授業終わりの塩素の

匂いがする午後の授業、あの子が好きだった小説など……。心に「なんかいいな」っていう感情が湧きあがったらエモいと言っておけばOK。酒とたばことセックスをエモいと呼ぶ輩もいるが「そんなのはエモじゃない！」という派閥も存在する。

※2 エース

ホストクラブ用語。一人のホストを指名している客のなかで最もお金を使っている人間のこと。店で一番使う客は店エースと呼ばれる。基本的には最もお金を使っているので一番偉い存在であり、ホストからチヤホヤされ、他の客からはやっかみの対象でありながらも羨望される存在。何年も同じホストのエースをしているような存在は、もはや客というより戦友のような空気感をまとっていることが多い。

※3 バースデー

ホストクラブ用語。「バースデー（イベント）」のこと。バーイベと略されることが多い。イベントではシャンパンタワーなどで盛大に祝うため、多額の売り上げを伸ばすチャンスでもあり、成功させなければというプレッシャーも大きい。イベントはバースデー当日ではなくその前後（3か月後とかに行うケースもある）に開催されるため、本来の誕生日のことを「リアバ」（リアルバースデーの略）という。リアバも基本はお祝いされるので2回の売り上げをチャンスがあるともいえる。

※4 同業

ホストクラブ用語で「同業付き合い」のこと。誕生日のイベントや昇格祭、店の周年祭などの祝い事で他店舗のホストが外交を兼ねて祝いにいく行事。近年のホストクラブではこうしたホストクラブ業界の横のつながりでの交流が増えている。「ホストに行くのが趣味」というホストもいるほど。同業は基本的に一律の値段で飲み放題であり、5切りと呼ばれる5万円払えば飲み放題に加えてシャンパンコールがついてくる。こうした外交・パフォーマンス費用がかさむのも歌舞伎町で有名になることの代償である。

※5 ホスラブ

ホストラブという総合掲示板。主にホストクラブやキャバクラ、風俗などの板が存在する。風俗は「爆サイ」というサイトのほうが活発なため、ホス狂が最も利用する掲示板ともいえる。健全なバーと色恋バーの違いは、ホスラブにスレッドが立っているかどうかで見極められる。バーやコンカフェでもホスラブがあるケースも存在するネット掲示板（たぬきの場合もある）。女性用風俗のスレッドもあり、主に店舗のスレ、ホストなど個人のスレ、総合話題スレが存在する。有名なホス狂など客側のスレッドがあることも。「ホスラブに晒すぞ！」は脅し文句になる。ホスラブに常駐し書き込みを行っている人間は「ホスラバー」と呼ばれる。

第四章

「推し活」と「男性性」の消費

推し文化と誇示的消費

「宝くじで当たった100万円に価値はない。60分1万円で、100人のおじさんを相手にしてボロボロになったお金を、『推し』に使うから意味がある」

筆者が取材したあるぴえん系女性は、カラダを売り続け、憔悴しきった顔でこう叫んだ。歌舞伎町で自らを切り売りする女性のなかには、身を犠牲にするからこそ、推しに対する尊さも強まるという価値観を抱くものもいる。本章ではぴえん系に深く関わる「推し文化」について述べていきたい。

小学館デジタル大辞典による【推し(おし)】の意味は、「ほかの人にすすめること。また俗に、人にすすめたいほど気に入っている人や物のこと」と記されている。推しが一般的に認知されたのは、国民的アイドルグループ「AKB48」の誕生にほかならない。CD一枚の購入で好きなメンバー一人に投票できる総選挙制度を導入したこと、同時期にTwitterなどのSNSが一般に普及したことで、ファンの応援度の競い合いが始まった。SNSには数百万円を使ったであろうCDの入った山積みの段ボール箱、推しメンバーのグッズを大量に買い集めて作り上げた「祭壇」などが投稿される。祭壇は自室に常設する者から、誕生日などの記念日につくる者もいる。これまでのただ楽曲を買い、ライブに行くだけの応援スタイルに、ファンたちは「自分が推しにどれだけ費やしたか」という誇示的消費という新たな楽しみをひとつ植え付けたといえる。

誇示的消費、それによって得られる周囲からの羨望のまなざしを意識した消費行動のことである。あたかも高級ブランド品のように、周囲に見せびらかして気持ちよくなるためのお金の使い方だ。

そんな誇示的消費はアイドル界隈、アニメ界隈との相性がきわめてよかった。平成後期は「推しをまとう」という応援が観測されるようになり、文字通り推しのグッズを全身に隙間なくまとい、ライブやオフ会に参加するのだ。まだネットがない時代は、ほぼ閉じられたコミュニティでグッズ集めなどは個人的に楽しむのが大半だった。それがSNSの普及によりファン同士の交流が増え、「いかに推しにお金を使ったか」でマウンティングが生まれるようになる。同じグッズを大量に買い占めたり、推しのものはすべて手に入れるといった過激なオタクも存在する。「痛バッグ」と呼ばれていたオタクがカバンに推しキャラクターの缶バッヂなどをところせましと並べるものが一般的になった。また、大手百円均一ショップであるダイソーでも「推し活応援！」としてオタクが喜ぶ商品展開がここ最近活発である。

お気に入りのポスターや切り抜きを挟むとカレンダーになる日付入りの透明なファイル、コラボカフェで配られるコースターなどを収集できるスクエアアルバム、缶バッジや色紙の保管ケース……etc.。推し活およびそれに付随する商品の展開は破竹の勢いである。

2021年のユーキャン流行語大賞には「推し活」という言葉がランクインしたように、「オタ活」が「推し活」に名前を変えて広く普及したのだ。大手百貨店の「池袋パルコ」では、2021年8月3日から22日まで「推し活しか勝たん」キャンペーンを行った。キャンペーンモデルに〝アイドルオタクアイドル〟こと「末吉9太郎（CUBERS）」を起用した宣伝を開始し、本館南側階段には推しへの愛をぶつける特設メッセージボードを設置。同時にSNSで「#池袋パルコは推し活を応援します」と投稿すれば、末吉の限定動画が楽しめるようになる作りに。池袋パルコ側はプレスリリースで「SNS、ボードに記載いただいた『推し』の名前は全て拝見し、今後の池袋パルコの企画タイアップの参考にさせていただきます」と発表し、自分が応援した推しが次のパルコに関われる、新たな可能性に期待をさせた。令和の時代、もはや推し活は企業も金儲けの手段にしているのだ。

「推し」の対象は一般人にまで及ぶ

アニメオタク、アイドルオタクで、最も推しに対して知識のある、または最も応援歴が長いファンを「TO（トップ・オタク）」と呼ぶ。推し活時代ではそこに、自己犠牲してお金を使ったケースも加わった印象がある。推しを応援するという行為は布教的意味合いもあるが、実際に「いくら貢いだか」にアイデンティティをおくものがいるのもまた事実である。一方的に推しに貢いでいるだけでなく、推しに認知されているかなどさまざまな要素を発信できるSNSは、マウントの取り合いになりがちだ。「○○くんに配信で投げ銭したら名前呼んでもらえた！　やばい！」や「推しに今月これだけ使った……」という家計簿アプリのスクリーンショットを投稿。さまざまな手段で推しへの愛と、推しからされた嬉しかったことを垂れ流す。

そして令和時代、推しの対象も日々進化している。最近ではアイドルからアニメに広がり、YouTuberに投げ銭機能のあるライブ配信者、そしてSNSで〝顔がいい〟という理由だけで数百から数万のフォロワーを有する素人にまでその対象が拡大している。人気声優の声を模写した「声まね」界隈、浪人生による傷の舐め合いと自虐が激しい「浪人」界隈まで、推し文化がある。さらにSNSでは、そんなTO自体に推しが発生することもある。「〇〇さんみたいなオタクになりたい」など、推しに対する愛やマナー、姿勢がコミュニティ内で評価されると、まるで自分が「選ばれしオタク」になったような気分にもなれるのである。

もはや誰でも推せる時代であり、誰でも推されることがある時代に到達したと言える。そうした一般人に近い推しを応援するため、名前を覚えてもらうために、大金を費やす人も少なくはないのだ。

大量のコンテンツにあふれる現代、昭和や平成で〝世間〟の中心だった「みんなが見ているテレビ」のようなものは少なくなってきた。コンテンツが細分化し、傍から見てはよくわからない人に熱中しているような若者が特にぴえん系に増えている。そんなときに、「推し」という言葉は共通言語としてとても便利であり、推しは違えど推しへの愛は同じ、という感じで同志にもなれたりもする。

「推し」に自己犠牲して貢ぐほど、エモい

推しを広めたい人や誇示的消費を見せたい人がいる一方で、推しに大金を使う自分が好きな人も存在する。特にぴえん世代のなかには何かを投げ売り、身を犠牲にしてまで推すことが「エモい」とする文化がある。界隈ではエモいほど偉いというのが共通認識である。冒頭の宝くじの女性がまさにそうだ。そんな推しがあふれる現在、より「推し」になりやすい職業といえば芸能界、アニメ、配信者のほかにもうひとつある。それは接客業だ。

ホストクラブを筆頭に、ガールズバーの逆であるボーイズバー、飲み／飲ませ放題のミックスバー、女性用風俗、レンタル彼氏、サービス以上の金銭をつぎ込むという意味ではヒモやママ活男子（※1）も含まれるかもしれない。なかでもホストクラブは誇示的消費欲求を満たせるさまざまな仕掛けと特殊な世界観があるため、第五章で解説する。ここではバーの推しについて紹介したい。

世間一般では「バー」といえば、お酒をゆっくりと楽しみ、リラックスした飲み屋を思い浮かべるだろう。推し活をするぴえん系女子が数多く集まる歌舞伎町のバーは、かなり趣向が異なる。基本的に鏡月などの割りものが飲み放題で、飲んで歌って騒ぐ場所のこと

を指す。ここでは、ぴえん系の女性が多く利用するボーイズバー、男性版コンカフェ、メンズキャバクラについて解説する。

ボーイズバー

料金設定：3000円～（初回は1000円）

ガールズバーの男性版。風営法の関係で基本的に女性客の隣に座らず、バーカウンターを挟んで接客する。客は1時間から2時間は特定のドリンクが飲み放題。男性キャストに対して飲ませる場合は「キャストドリンク」を注文する必要性がある。料金にタックスとして20%が上乗せされることが多い。

男性コンカフェ

料金設定：1000円～

高校生に悪魔、侍などさまざまなコンセプトの店内、衣装、設定で接客する店のこと。カウンター越しに接客する店が多い。メイドカフェの男性版といえばイメージしやすいか。業態的にはボーイズバーにかなり近い。違いは、チャージ+ワンドリンク制で飲み放題がないこと。「キャストドリンク」を飲ませるほか、「チェキ」などの特典、ポイントによる手紙やデートなどの特典がついてくる。

メンキャバ（メンズキャバクラ）

料金設定：5000円～

時間制の飲み放題であり、隣に男性キャストが座って接客する。ホストクラブに比べてやや単価が低く、時間制でカジュアルに楽しめる。システムもキャバクラと同じでフリーか指名かが選べ、都度指名する相手も変更可能だ。対してホストクラブはフリータイム制が主流であり、永久指名制なのが特徴である。

以前から歌舞伎町のバーにはサパークラブ、ミックスバー、ボーイズバーなどは存在したが、割安で飲めるのがウリだった。しかし、令和の時代は推し活が歌舞伎町のバーでも主流になったことで、全体的にインフレ化している印象がある。

たとえばバーでも、本来はホストクラブで行われる一回数万から数百万円する「シャンパンタワー」が行われたり、高級シャンパンの「アルマンド」が何本も一挙に売れることもある。もはや歌舞伎町という街全体が、ホストクラブ化しているといっても過言ではない。バーのキャストながら、ひと月の売り上げ２０００万円を達成する者も存在する。第二章で述べた児童ポルノで逮捕されたトー横の男も、月１００万円を売り上げたのにはそんな背景がある。そしてホストクラブに比べて、バーは年齢確認が緩い印象がある。

「ホスクラだと飲めないから、バーに行こう！」

これは未成年のぴえん系女子の決まり文句だ。路上で客引きするキャッチにも、彼女らは「年確（※2）ないとこで！」と注文をつける。この2、3年はトー横キッズのような未成年の流入が増えたことで、少年少女たちが酒を飲めるバーが存在し、たまり場と化している。

筆者が耳にした未成年が多く集う某バーでは、未成年者は来店したときに年齢確認のできる保険証、学生証などの身分証のすべてを店主が金庫に保管していた。警察に立ち入り調査されてもいいように、店主は「いいかお前ら、警察がきたら『20歳です。身分証はもってません』と言うんだぞ」と約束させる。そこまでして少年少女たちに飲ませる理由は、やはり店側は稼げるからだ。また別のバーでも、16歳の少女が「援助交際で稼いできた！」と笑顔で話し、キャストにドンペリを貢いでいるのを見たことがある。これが令和の歌舞伎町における、ぴえん系女子の現実だ。

少し話はそれるが、この手の悪徳バーはコロナ禍による緊急事態宣言下でも平気で営業し、もちろん感染対策もほとんど行っていないような状況であった。歌舞伎町はコロナの震源地としてみなされ、ホストクラブが悪者にされた。しかし、私はこうしたバーこそが真のクラスターを生んだのではないか、と考えている。

「推し活」ブームの後押しを受けるコンカフェの功罪

メンズコンカフェという新しい業態が近年活発化している。地下アイドルをしているキャストがライブの日以外に出勤したり、推しと間近に会える場所として人気を博している。しかし、一昔前よりもだいぶホストクラブ化している印象を受けた。歌舞伎町にあるメンズコンカフェ「F」のメニュー表を見てみよう。

○注意事項
未成年者の22時以降の入店及び飲酒を固くお断りします。

未成年者の親の承諾なしにクレジットカード等の使用を禁止します。

キャストとの連絡先交換、店外での待ち合わせや接触を行うこと、それを強要することを禁止します。

チェキや特典以外の無断での撮影、録画、録音は固く禁止します。

キャストへの直接現金や商品券、電子ギフト券等のプレゼント、キャッシュレス決済の送金を固くお断りいたします。

○ポイント特典
30P　2ショット動画撮影

５０Ｐ　私物サイン
１００Ｐ　推しからの手紙
２５０Ｐ　推しからのささやかなプレゼント
５００Ｐ　推しと貸し切りカラオケデート
１０００Ｐ　シークレット

○チェキ&ボトル限定特典
１００Ｐ　手紙
２５０Ｐ　カフェ特性非売品
５００Ｐ　プリクラ同行
１０００Ｐ　映画、ドライブ、ヘリコプター、リムジン、プラネタリウム
１５００Ｐ　ディズニーランド
２０００Ｐ　シークレット

キャストとの連絡先交換は店によって規約が異なり、「Ｆ」ではＴｗｉｔｔｅｒやＩｎ

stagramのDMでキャストから「今日のお礼」までは送信でき、客側からの連絡にはリアクションのスタンプしか送れないという取り決めであった。そしてポイントだが、チェキを取るのに1枚1100円。これで1ポイントが溜まる。100ポイントを貯めるには11万円かかることになる。チェキやボトルの限定特典だとしても、ディズニーランドに行くのには単純計算で165万かかるということだ。ホストクラブで100万円のお酒をオーダーしたときの総計が148万円なことを考えると妥当といえば妥当かもしれない。だが、このメンズコンカフェFではキャストとの連絡を基本的に禁止されていることを考えれば、ホストクラブのほうがコスパがいいような気もしてしまう。酒類の値段をホストクラブと比べてみよう。

○ノンアルコールボトル
シャンメリー　3300円
シャンメリーロゼ　5500円
シャメイ　1万1000円
オリジナルシャンパン　3万3000円

○アルコールボトル
カフェドパリ　1万1000円
天使のアスティー　1万6500円
ヴーヴクリコイエロー　2万7500円（ホストだと5万5000円）
ヴーヴクリコホワイト　3万3000円（ホストだと5万5000円）
ヴーヴクリコピンク　3万8500円（ホストだと9万0000円）

○飾りボトル
シンデレラ　3万3000円
フィリコ各種　1万10000円

○高級シャンパン
ドンペリニヨン　8万8000円
ベルエポック　11万0000円（ホストだと24万0000円）
ドンペリニヨンロゼ　11万0000円

アルマンドゴールド　22万０００００円（ホストだと39万０００００円）
エンジェルブラック27万５００００円（ホストだと30万０００００円）
アルマンドロゼ　33万０００００円（ホストだと70万０００００円）
エンジェルホワイト　38万５００００円（ホストだと52万０００００円）

○その他
クリスタルボトル、ロイヤルバカラ、ルイ13世、ヘネシーリシャールｅｔｃ.
詳細はお尋ねください

ホストクラブに比べて安いとはいえ、やはり高値であることは間違いないだろう。メンズコンカフェはもはや未成年も通えて働けるホストクラブのキッザニアである。運営元がホストクラブやメンズ地下アイドルのグループなこともあり、コンカフェからホストへの仲介、もしくはその逆も頻繁に行われている。なかには同伴やアフター、売り掛け制度のあるメンズコンカフェもあるそうだ。高校生がいける場所だからといって、決して安心・安全ではない店舗もあるようである。

推される側の苦悩と消耗

対する「推される側」も、金銭を得るためには相応の武器がいる。外見か内面の面白さか。ただ現在でイチから「推される側」になるにはSNSの駆使は欠かせない。特に歌舞伎町のホスト、バーテンダー、メンズキャバクラや女性専用風俗のキャストは、いかにぴえん系女子を釣るかというSNS運用が求められる。店側から投稿数、フォロワー数、RT数、いいね！数などノルマを設けられるのだ。こうした接客業のSNS運用について、メイドカフェ研究をしている社会学者の中村香住は、「現代ビジネス」2021年8月6日配信の「メイドカフェの『メイド』が悩む、時間外労働としての『SNS労働』」でこう述べている。

メイドカフェを一般の飲食店と比べた時にはいくつかの特徴がある。その中でも大きいものとして、通常の飲食店よりも店員個人がフィーチャーされ、場合によっては「商品」化されているという点があるだろう。どういうことか。メイドカフェでは、ほとんどの場合、各店員が固有のメイド名を有する。それにより、客は各メイドのことを店員という無名の存在としてではなく、「○○さん」という固有名を持った存在として認識する。そして多くのメイドカフェでは、通常の飲食店業務に加えて、コミュニケーション業務とでもいうべき業務が生じる。（中略）常連客の中には「推し」のメイドを作り、その特定のメイドとのコミュニケーションを主目的としてメイドカフェに通う人もいる。（中略）そうなると、メイドカフェの店員であるメイドは、アイドルなどと同じように、ＳＮＳを使って自分自身のパーソナリティを発信したり、客と交流したりする必要が出てくる。これはＳＮＳを用いたアイデンティティの管理・維持が労働をと密接な関係を持っているということだ。英文学者の河野真太郎は、このことを「アイデンティティの労働」とも呼んでいる。

個人が商品として扱われやすい接客業全般で「アイドル化」と「ＳＮＳ上でのアイデンティティの労働の義務化」が起きていると筆者も実感している。そうなると営業時間中は接客し、店の外でも客や従業員と交流して、日々「キャストらしさ」のために生活を営み、更にＳＮＳの作業があるためオンとオフがなく常時労働を強いられている。逆説的に言えばそこまでしているからこそ、大金を稼げるのでもあるが――。このＳＮＳ作業については、第五章でも詳しく解説する。

ホストクラブやメンチカ（※3）といった業界は、こうしたＳＮＳによるブランディングと、ファン（客）とのつながりによって支えられている側面が大きい。メジャーなアイドルや有名人は一人のファンによって売り上げや人気が左右されることはあまりないが、彼らは客との距離が近く、直接やり取りしている場合が多い。それだけ推しが「近くて手に入りそうな存在」であり、サービス以上に破格の金額を投じる女性たちがいるのもまた事実だ。こうした距離感のリスクとしては、顧客への対応やＬＩＮＥのやり取りがネット上に晒されたり、ネットストーカー傾向のある厄介な客の管理まで仕事のひとつになる場合がある。

そうした「ＳＮＳでの営業」をコンカフェキャスト以上に強いられている職業がある。女性専用風俗だ。男性向けに比べればまだまだ認知度が低いことに加え、女性が予約するには勇気がいるため、なかなか広がらなかった。筆者がある大手グループに予約のＬＩＮＥを送ったとき、「勇気を出してお問い合わせいただきありがとうございます」とメッセージが返ってきたほどだ。そんな女性用風俗界隈では、「女風に興味があるけどまだ予約までは……」といった女性がＳＮＳのアカウントを作成することが多い。キャストはそんなアカウントに向けて営業DMを送るなど日夜を問わず活動する必要性がある業界となっている。

２０１８年は石田衣良の小説「娼年」が松坂桃李主演で実写化された年でもあり、女性用風俗の認知度が拡大したことで女風元年と呼ばれている。確かに過去に出張ホストなどはあったが、料金が高額、本番行為を伴うなど違法性が高かった。しかし、現在は非本番で料金設定も60分１万２０００円程度で若いイケメンのセラピストが在籍する店舗が増えた。令和ならではの女性用風俗という女の新たな遊びだが、ただプレイするだけではない。そこで働き手は心身ともに疲弊しているケースが多い。

「正直、こんなに風俗の仕事がキツいとは思っていなかった」

そうこぼすのは、都内の人気店で働いて半年になる19歳のハルキだ。コロナ禍で就職予定だった美容室が倒産し、生活資金を稼ぐためになんの知識もないまま業界の門を叩いた。店主による雑な説明と簡単な実践、そして講習料と登録料として僅かな貯金から7万円を支払いセラピストに登録したという。もともと男社会や会話でのコミュニケーションが苦手だったというハルキは、女性用風俗なら「作業」をすればいいだけだと思っていたが、実際は違った。

「ホテルでのプレイよりも、前後のやり取りに時間がかかる。一度に多数の指名客、またはSNSの予備軍とやり取りするだけで一日がつぶれます……。あと、中年女性と手をつなぎ、若者だらけの繁華街を歩いたのはキツかったです。手をつなぐのも最初は善意で一回やったら、それがお客さんの当たり前みたいになっちゃって。今更言い出せなくて、毎回そのお客さんとは駅までの15分くらいは無料サービス状態です。常連客のなかには、自分に対しどこまで無料でサービスしてくれるかで、自分の女としての価値を試そうとする人もいます。そして何かあったら『客だろ？』って上から目線なのもキツい。あとは勃起してないと怒る人もいるので、精力剤を手放せなくなりました」

店のマニュアルとして、初指名の際に水とお茶を買って女性客に選んでもらうというのがある。ハルキは本指名になった客にこれをやらなくなった。すると、彼のSNSには長文の苦情メッセージが届いたという。

「お客から『最初に比べて雑になったよね、手を抜いてるよね』と言われました。正直イラっとしました……。お茶出しのサービスは、こっちがお金を出してやってる善意なんです。ほかにもムカつくことは多々ありますよ。終了予定時刻を過ぎてもホテルを出ようとしない人とか、強引に本番しようとする人とか。女性が働くデリヘルならば店が助けてくれるんでしょうけど、女風は基本、キャスト任せ。店にはLINEで『入りました』『出ました』と報告するだけ。それで料金から半分以上の取り分をもっていくんですから、ヒドいっすよ」

半年間で、ハルキは精神的消耗から安定剤の服用を始めたという。彼は現在、セラピストとして働きつつ、店には内緒で2人ほどの女性客から〝裏引き〟をしているという。単純に手取りは倍になったが、悩みも倍に増えたという。

「正直、失敗したと思っています。店を通してないってことは、特別感も生まれてしまう。性的サービスを買うというよりも、一緒にいる関係とかにお金が発生している感じが強くなる。だから下手に拒否をすると、お客さんの精神状態が悪くなる、いわばメンヘラになる。さらに彼女たちは『私はほかの客と違うでしょ！』みたいなマウントまで持ち出してくる。これ、そのお客さんから来たＬＩＮＥなんですけど、ちょっとすごくないですか？」

見せてきたスマホには、裏引きで会っている女性から、彼への要望が画面にビッシリ埋まっていた。女風は一緒にいる時間に金銭が発生するため、デートだけでも有料だ。そのため、食事2時間、ホテル2時間の場合は4時間分の料金になる。ハルキはしっかり時間分を請求した結果、その女性は逆上したという。彼に届いたメールを、一部抜粋する。

「あなたはほっておくと、ご飯すら食べないんじゃないかなって心配して、会うときは食事に誘ったり軽食をもって行ったんです。ハルキを大切に思ってるからこその好意なのよ。一緒に出掛けたり、ご飯

を食べて『おいしいね！』と共有するのが楽しかった。あなたも楽しかったでしょ？　だから4時間分はいらないと思わない？　いまはお店を通してないから、渡すお金の全額がハルキの手に渡ってる。普通に考えて時給1万なんてもらえる仕事なんてないよ？　その辺も本当に私のことを大切に思っているならば、考えてほしいです」

ハルキのケースのように、女風の客はセラピストの対応次第で自分の「女らしさ」を確かめることが多い。前述したようにセラピストが勃起しているかを確かめたり、本番行為をねだって応えてくれるかを見ている客がいるのだ。彼女たちが利用する匿名掲示板では、「私はかわいいから本番をしてくれた」「あのセラピストはどんなブスでもすぐ本番するよ」などの書き込みが目立つ。また、そんなセラピストにガチ恋している自分を認めたくないのか、「所詮、あいつらは女の股を舐めないと生きていけない男」「学歴もないし今後どうなるんだろう？」「あんな接客で稼げるわけないのに」「バター犬のくせに」などの侮蔑的発言も散見される。夜の仕事への差別や攻撃的な発言は、男女ともに一定数あるもののようだ。

もうひとつ、未成年の男性たちの稼ぐ手段として、ママ活にも触れておきたい。筆者は

18歳の現役大学生であるレオに話を聞いた。

「今は固定の太いママがいて、部屋も借りてもらってます。あとは単発でママ活していて、僕は結構安い。デートで1万、エッチで2万、合わせて3万程度です。女性と違い、妊娠のリスクないですから。でも、10歳上の好きでもない女性に、こっちが性欲ないときでも求められたら応じなきゃいけないのは結構キツいですね……。ママ活という言葉も大学だと結構ライトに飛び交いますね。同級生もSNSで頻繁に『ママほしー！』なんて呟いている。女の子はパパ活しててもセックスしていることを隠したがるけど、男側は結構あっけらかんと全部話していますね」

ママ活系のマッチングアプリも多数存在し、かつてはヒモを飼いたい女性とヒモになりたい男性をマッチングさせるサービスも存在した。筆者も2020年に利用したことがあり、特に新型コロナウイルスによる一度目の緊急事態宣言中は、バイトを失った大学生や、店が休業して収入途絶えたホストが宣材写真をアイコンにして登録するパターンもあった。こうしたサービスは本来身分証の確認は必須だったが、すべてスマートフォン上で済ませられる時代だけに、兄の免許証などを借りて登録する未成年者も多かった事実がある。実際、ママ活アプリでマッチして出会ったら相手の男の子が15歳だったというケースも存在したそうだ。

現代は女性だけではなく、男性も未成年のうちから相手に金銭をもらうことにへのハードルが下がってきているのを感じる。彼らは性的に消費されることに対する実感を持たずに要求に応えていたが、しばらくしてから「気持ち悪かった」と自覚するケースを耳にする。日本では女性の性的搾取、性暴力が取り上げられがちだが、筆者は男性の性的搾取、男性への性暴力も同じくらい重い問題だと考えている。

ぬいぐるみペニスショック(※4)

ホストにしろ、バーにしろ、女風にしろ、利用する女性は前述したようにただの性処理ではなく、恋心を伴い、そしてもっと愛されるために「貢いでくれそうな外見」を意識して店に通うケースがある。指名しているキャストの「横に座るのにふさわしい女」としての着飾りや振るまいも行う。お金を払って男性を「買う」、主体的に遊ぶはずがいつしか男性支配的な美的規範に取り込まれていくのである。ぴえん系女子でも歌舞伎町に足を踏み入れた後、もっと稼ぐため、指名している男の横に並ぶのにふさわしくなるためにと地雷系ファッションを脱ぎ捨て、男ウケするお姉さん系のスタイルに変化する女性も数多く存在する。そうした「脱ぴえん系」の彼女たちは、やはり男の視線によって自分のスタイルを変えているのだろう。

こうしてみると、結局は男を買い、女性主体で遊ぶと言いながらも、女性客はいまだに男根支配（ファロセントリズム）にとらわれているとも解釈できる。男性からのまなざしを受ける前提での、身体表象の意識が内在しているのだ。

女は自分が女らしくあるために、男性を買いつつもいつも男性のまなざしにおびえている側面がある。そして、同性同士でもまた、「オンナ」としての価値を測り合っている節がある。「ホストに大切にされないのはブスだから」など、同性同士で「男性に好かれる容姿かどうか」でのマウントの取り合いが起きるのは日常茶飯事だ。男性を性的に消費しつつも、結局男性主体の価値観で遊んでいるのが現実なのではないだろうか。

一方、前述した推しのために女性性を消費されながらも稼いでいるようなぴえん系女性のなかには、女風利用者を「ただ話を聞いてほしい」「ただそばにいてくれればいい」など女として見られること以上に理解を求めているケースもある。

普段、女性性を消費させられているからこそ、男性にも同じように求められないところに居心地のよさを感じたり、「お金」というシンプルな目的で接してくるほうが変に下心があるよりも安心できるという。男友達だと思っていた男性にアプローチされ嫌悪感を覚える現象を「ぬいぐるみペニスショック」と呼ぶこの時代。必要なときに女として扱ってくれ、そうじゃないときはプロとして仕事に徹してくれる夜の街の男たちは、女性たちのよりどころとして機能している。

彼らの仕事は今や、「男に女として扱われたい」という従来のステレオタイプの寂しい女性だけでなく、主体的に性を楽しみたい女性、男性に搾取されずに自分を満たしたい女性、ただそばにいてほしい女性など、多様な需要を満たす場になっている。しかし決められた時給で、しかも女風などは60分手取り5000円でこれだけのことを求められるわけだから、男性側も病んでしまうのは致し方ないのかもしれない。

女性性・男性性を扱うこうした業界は、いつの時代も人々が消費したいものを形にしてきた。そして、そのなかでもここ数年莫大な利益を生み出している業界がある。ホスト業界だ。次章ではホストクラブに焦点を当てて考察していく。

注釈

※1 ママ活男子

パパ活の反対。パパ活は食事だけから肉体関係、割り切りの援助交際から数十万、数百万円のレンジがあるのと同様、ママ活にもさまざまな事例がある。基本的には「金銭的に余裕のある女性」が支援する。普通の主婦もいれば、ホス狂からママ活に移行した風俗で働く女性などもいる。

※2 年確

年齢確認の略称。「コンビニで酒買おうとしたら年確された」などと使う。

※3 メンチカ

メンズ地下アイドルの略称。ライブに加え、チェキや物販で稼ぐ。数百万円を稼ぎだすメンチカも存在する。そのため物販やチェキでの特典が過激になることもある。ハグに始まりキスなども……。某メンズ地下アイドルは、「前戯」を物販したことで炎上したらしい。

※4 ぬいぐるみペニスショック

友人関係にあると思っていた男性から性的に見られていることが発覚したとき、かわいがっていたぬいぐるみからペニスが生えてきたような感覚に陥るということで表現された、かなり強いネットスラング。女はあくまで友人関係を意識しており、男性は好意を表すだけでこうした言われ方をしてしまうことに、生きづらさを感じている。

第五章

ホストに狂う「ぴえん」たち

建前上は「浄化」されたホストクラブ

推すほうも、推されるほうも、気づけば溺れることが多いぴえん世代。前章では推し文化とそれに付随する接客業について見てきたが、本章では推し文化の頂点ともいえる存在で、この令和3年の現在、空前のブームを迎えているホストクラブに焦点を当てていきたい。特にぴえん系女子は18歳未満はコンカフェへ、18歳以上がホストという流れができ、その巨大な渦に呑み込まれている傾向が強い。

筆者自身も15歳のころから新宿・歌舞伎町に出入りし、大学入学後の18歳でホストクラブへもその足を延ばした。未成年でも身分証を提示すれば18歳以上ならば遊べる店は多い。未成年の客はソフトドリンクを、指名したホストはお酒を飲むことでしっかり売り上げにつながる。18歳の少女であったころの筆者も例に漏れず、色恋営業に魅了され、「私は特別なお客さん!」という脳内のお花畑を咲かせたあと、しっかり担当ホストにお金を注ぎ込み、病んで、泣いて……現在に至る。何年もホストクラブに通っていれば、酸いも甘いも噛み分け……きれてはいないが、ある程度のシステムの概要はわかってくる。筆者は歌舞伎町の社会学を研究していると普段から公言していることもあり、ホストからも女の子側からも話を聞くことが可能な立場になった。

お金を使って応援する接客業の筆頭であるホストクラブは、前述したようにバブル期を迎えている。10年前は月の売り上げ1000万円で業界では話題沸騰になり、同業の他店舗からわざわざ見学者が訪れるほどだった。しかし、現在は1000万円がスタートラインとされている。なぜ、ここまで拡大したのか。まずは令和以前のホストクラブの歴史を見ていこう。

1965年、東京駅八重洲口に日本最初のホストクラブ「ナイト東京」が誕生し、以降、その時代の客に合わせた「イイ男」による接客がなされてきた。2000年代から2010年代前半にかけてホストブームが起きており、テレビでホストの日常を追ったドキュメンタリー番組『実録！ホストの花道』（日本テレビ）や、ドラマ『私のホストちゃん』（テレビ朝日系）などが放送されて、ホストの知名度も上昇。市場は拡大していった。2006年には「The Great Happiness Space: Tale of an Osaka Love Thief（邦題「大阪恋物語」）という映画も発表され、同年、イギリスで行われたエディンバラ国際映画祭で長編ドキュメンタリー賞を受賞。海外からの日本のホストクラブのギラギラしたイメージは、この映画の影響を多く受けているそうだ。

２０００年代半ばまでホストクラブは深夜1時から朝7時までの営業の「深夜店」だった。しかし、本来の風適法に基づく営業時間が深夜0時までだったこともあり、石原慎太郎都知事時代の〝歌舞伎町浄化作戦〟のあおりで摘発が相次いだ。現在では風適法に基づき、基本は19時から25時までと朝の6時から11時までの二部制での営業形態になっている。

大阪の繁華街ミナミや地方のホストクラブではいまだに深夜店も混在しており、24時間飲めるエリアも存在する。一方、歌舞伎町においてはモグリの営業はほとんど見られない。稀にクラブ営業許可を得ている店舗などは深夜まで店を開けている。結果、歌舞伎町で24時以降も開くバーが増え、前述のトー横キッズのたまり場になっていたりする。

また、ホストクラブでの客側の決まり事が年々厳しくなっている。客は身分証の確認に加え、身分証のコピーと顔写真を撮影し「身分証を偽装していません」という誓約書を書かせる店もある。未成年のお客には入店前にアルコールチェックを行い、「店内で酒を飲みません」と署名させる店もある。ホストクラブで未成年の飲酒が当たり前、18歳未満の雇用も当然といった時代はもはや終わったといえるだろう。もちろん、この限りでない店も存在するが。

ホストから「男性らしさ」は減っているのか

本来、ホストクラブという商業空間は、「強い男」と「弱い女」の役柄が誇張して演じられる一方、女性が金でイイ男を買うという、見せびらかすための消費である「誇示的消費」を行える場としても作用していた。しかし、女性が上の立場だったはずが、ホストの魅力の前に気づけば客側が立場が下になり、お金を使うことでホストから必要とされたい、関心を引きたいというふうにハマるのが一般的であった。

２００９年９月25日発売の宮台真司ほかによる『「男らしさ」の快楽　ポピュラー文化からみたその実態』（勁草書房）では、木島由晶が「男らしさ」の装着として、ホストクラブにおけるジェンダーディスプレイについて論じている。木島は「男らしさ」を演じる職業としてホストを挙げており、ホストクラブにはその時代の男らしさの変化が表れているとしている。木島はホストクラブでの男らしさと職業的特性を考察するにあたり、アーヴィン・ゴフマンの社会学を下地にしていた。

『行為と演技』（Goffman 1959～1974）では、人々の行為の相互関係を分析する視覚として、「劇場パフォーマンス」を採用している。

人と人とが居合わせている場面を「劇場」に、そこにあるものを「舞台装置」に、そしてそこにいる人々を「役者」や「共演者」や「観客」などに見立てて分析するものである。

つまり、ホストクラブという「劇場」には飾りボトルやラストソングなどの「舞台装置」が点在しており、そこには他者から見てふさわしい「ホストらしい」振る舞いをする男と、店にいる間はチヤホヤされる姫としての定義にのっとってホストクラブを楽しむ客が存在しているということである。このような状況でパフォーマー（ホスト）が演じる舞台＝「局域（ｒｅｇｉｏｎ）」の概念をホストクラブに当てはめるとこうなる。

ホストクラブという店内で接客する「表局域」
ホストクラブのバックヤードなど客からは見えない「裏局域」
ホストという仕事をしなくていい「オフタイム」
営業時間外でも客と過ごす時間の「下位局域」

この下位局域は「源氏名のホストと本名の自分のハーフ」みたいな状況であり、客といる以上はある程度のパフォーマンスを強いられるが、かといって店内ほどホストらしさを振る舞うことはしない。

例えば客と家でくつろいでいるとき、「お前の前だとホストとして気を張らないでいられるし、癒やされる」という「営業」を行う。これはオフタイムであるというパフォーマンスであり、局域内での仕事なのだ。

ホス狂には数パターンの客が存在する。表局域である「キラキラした店内でホストをしている担当」が見たく、逆にメイクを落としているオフモードは見たら冷めるというタイプ。「店で頑張っている担当が私にだけ見せるオフの顔」が好きなタイプも存在する。後者のタイプのなかには担当ホストと同棲している客もおり、下位局域でホストと接触する時間のほうが長いパターンもある。こうしたオフモードという体での営業やパフォーマンスは、ホストクラブだけでなくさまざまな場面で見られる。

今までの完璧な「イケメン」と飲める場所としてのホストクラブの姿は崩れ、旧来の飲み方をする客も減少傾向にある。以前は「金を支払っているんだから」と担当ホストに無茶なお酒の飲ませ方をするのは減り、酒を飲まなくても売り上げを上げる「ノンアルホスト」や「未成年ホスト」の活躍も目覚ましい。そして、男らしさは、現在のホストクラブの営業スタイルでは、あまり見られない。

ホストも誇示的消費を活用して稼ぐ

2021年12月現在、ホストクラブは歌舞伎町に約260店舗、約5000人ほどのホストが存在するとされている。そんな歌舞伎町の店舗で年間売り上げ&指名本数8年連続ナンバーワンである越前リョーマが、同年2月に出版した書籍のタイトルは『成功したいなら誰かの「推し」になれ』（光文社）だ。

従来のホストは色恋営業や本気営業による〝恋愛関係〟での売り上げが主流だったが、現在、最もホスト業界で成功しやすいとされる営業法は「アイドル営業」。つまり、「恋される」より「推される」ほうがよしとされているのだ。越前の書籍では「応援されること＝推されること」とされており、推してもらうためのテクニックや売れっ子の「ホスト論」が展開されている。

真剣に努力していることが伝わって初めて、お客様からも「推して」もらえます。「頑張って目標を達成したい」という自分の気持ちと、「応援したい」というお客様の気持ちがリンクしたとき、初めて自分がお客様の「推し」になれるんじゃないかな。（中略）気持ちを共有すれば、お客様も「頑張ってね」じゃなくて「一緒に頑張ろう」と思ってくれるようになります。目標を達成したとき、応援しているホストのために喜ぶだけじゃなく、お客様自身も喜びを感じるようになるんです。そうなると、お客様が「自分用の目標」を持つようになってきます。例えば僕が、「今日は先輩のAさんに勝つ」という目標を伝えると、お客様が自然に「Aさんのお客さんに負けない」という目標を持ってくれるんです。こちらからあれこれ言わなくても、お客様自身がAさんを意識して、負けないようにと頑張ってくれる。担当ホストとAさんの勝負が、それぞれのお客様同士の勝負になってくるわけです。

ホストクラブではこうした客同士の代理戦争のような図式が成り立つのだが、さながらポケモンのような扱いともいえる。筆者は「お前はまだ弱いピカチュウだ」とホストに直接言われたこともあるし、顧客の戦闘力を「戦車レベルが2台いる」「あの先輩は雑兵しかいない」と戦争ゲームのように表現しているホストもいた。

一方、新たな歌舞伎町に足を踏み入れた最近のホストの価値観はどうなのだろうか。2021年10月11日に週刊女性PRIMEで配信された「変わりゆく東京・歌舞伎町、目標を持てないホストに〝もやしに1000万円〟払う女性客」の記事では、大手ホストクラブの代表を務める森永ここあ氏によって現代のホスト像が語られていた。


「シャンパンをオーダーしても『推し（担当ホスト）に身体を壊してほしくない』と言って、開栓せずに持ち帰る子も珍しくないです。ほかにも、担当に自分のテーブルにい続けてほしいからと、ソフトドリンク1缶などに300万〜400万円払ったりする子もいます。もやし1袋に1000万円支払われた、という話も。

彼女たちは〝担当とただ一緒に過ごす時間〟のために投資をしているんです」

（中略）

「どちらもコミュニケーションに飢えているんですよね。お客さんは『自分に共感してほしい』と思っていて、キャストは『誰かに認めてほしい』と思っている。

ホストをアイドル感覚で捉えながらも、使うお金は「推し」として高額なのが現代の作法なのだろう。

SNS集客は諸刃の剣か

令和のホストは「推し」てもらうために、SNSによる集客が重要戦略のひとつ。お店でも「とにかくSNSを触れ！」と強制され、SNSの講習を毎月行うような店舗も生まれてきた。外注してYouTubeやTikTokを運用する店舗も増え、なかには本来、男女の出会いに使うマッチングアプリまで利用する店も増えてきている。SNSがホストの主戦場になりつつある現状は、とにかく目立つ、とにかくフォロワー数を獲得するため、過激な投稿を行うものも少なからず存在する。

例えばYouTubeで動画のタイトルに「ホストが激白。一番つらかった枕のお話！」「ホストがどうしてもヤりたくて初回枕した思い出を語る」など、過激な性的な要素をかなりの確率で取り入れている。さらにSNSから来客する初心者向けに、「ホストに嫌われないためには！」「ホストから好かれる女の子の特徴」「ホンカノになれる子の共通点」などという動画まで。こうして客に対する教育のような動画を上げることで、ゆるやかな洗脳としてホストの負担を下げることにつながるのだろう。

SNS集客にはかつて、客によるホストたちの晒し行為という弊害があった。前述した匿名掲示板「ホストラブ」などで、営業のやり取りのLINE画面、枕をした寝顔の画像やセックスの内容が赤裸々に投稿されたのだ。この晒しにより指名客が途切れたり、客が発狂するのをケアするということが業界では恒例となっていた。

しかし、近年は晒しの舞台もTwitterに移行したことで、ホスト側も客側も共に告発というスタイルに発展。客が「〇〇くんこんな営業でした！」「300万使った日のアフターでバックレて、趣味の女（※1）に会いに行ってました！」といった営業方法を晒す。対するホスト側も「初回で来たお客さんがヤバい」「売り掛け返さない女の言い訳がヤバい！」といった内容を晒すというやり合いだ。ただ、これを逆手に取り有名になるホストも存在する。自分が晒された枕営業のときの寝顔を、あえて自身が在籍する店側がホームページの宣材写真に掲載したのだ。彼のSNSは一気にバズり、フォロワーは増え続け、現在は2万人を超える。新規客や太客が増えた結果、彼は3000万プレイヤーにまで上り詰めたのだ。

ホス狂の女性のなかには、推しているホストが炎上したら、「今、私が支えれば彼のなかで大切な存在になれるかも」「傷ついている今こそチャンス！」とお金を注ぎ込むケースがある。ホストもホストで、炎上狙いで客から卸してもらった酒を捨てるガッシャン芸や、テキーラのビンダ（一気飲み）、客をあおるようなツイートを行う。炎上して業界から姿を消すものもいるが、売れないホストが一か八かを賭ける営業になりつつもあるのだ。

新たな営業スタイル「鬼枕」

もうひとつ、炎上に関わる営業スタイルで、「枕営業」にも触れておきたい。歌舞伎町で脈々と受け継がれる共通した美意識に、「枕をしたら男がすたる」というものがあった。

枕とは、女性客と肉体関係をもつことで来店に結びつける営業方法だ。平成のホストを描いた累計発行部数150万部を超える漫画『夜王』（原作・倉科遼、作画・井上紀良、集英社）でも、指名されてすぐに枕をしたら「安っぽい枕ホスト」というレッテルを貼られる、真の男たるホストなら枕をせずに女性を魅了しろ、という価値観を何度も描いている。平成に活動していたホストや女性客側も〝枕ホスト＝ダサい〟という認識のはず、だった。

しかし現在では、枕はSNSで興味をもってくれた女性に対して、「俺を指名すれば絶対に枕できるよ！」といった営業を行い、最近では初回で来ただけのまだ指名すらもらっていない相手と即セックスするホストが増加。このようにたくさんの客に枕をするホストを「鬼枕」と呼ぶに至る。

店舗の接客でも「お前ならヤれる」「俺、絶倫だから何回でもできるよ」といったセクハラまがいの接客方法で攻めるホストがいる。「女の子扱い」を求めてホストクラブに来ているのに、「女体扱い」を受けるケースは多々あるが、これを喜ぶか嫌がるかは客次第である。

そんな自分の性を安売りするホストたちを古くからホストクラブに出入りする女性客は蔑むが、ぴえん系の女性客はそんな彼らを「鬼枕しか勝たん〜！」と崇拝する。もはや枕＝ダサいが通用しないのが、令和の時代のホストなのだろう。そして、枕営業が強いのは事実だ。19歳のホスト、ユキヤが話す。

「元々性欲は強いからある程度ならいける。ホストになる前の自分だったら、絶対手を出さない女性でも今は抱くようになりました。正直、キツいときもあるけど、新人時代はとにかくがむしゃらに抱きまくる（笑）。ある見た目がキツい女の子を腹くくって抱いたときに、『今までどんなホストクラブでも相手にしてくれなかった。初めて女の子扱いされた』と泣かれたんです。結果、彼女は一時太客になりました。まあ、枕しなくなったら切れちゃったんですけどね……。お客さんをつかむために、売れてない時代は初回枕もしてました。今はある程度使ってくれた子とか、ちょっとタイプの子がいたら普通に枕はします」

ユキヤはホストになってわずか1年未満で1000万の壁を突破したという。枕がダサいのではなく、枕もせず売り上げもないほうがダサいというのが令和のホストの価値観のようだ。実際、初回枕をマニュアル化している店舗があったり、先輩から「あの子は枕をすればハマるタイプだから今日抱いてこい！」などの指示が入るケースもある。逆に言えば枕程度で男がすたることはなく、かえって男らしさをアピールできる機会なのかもしれない。

枕されることで女性側は多少なりとも自分に女としての魅力があると思える。ホストクラブという店内での刺激に勝る劇薬だ。そうした女性の自意識は、第四章で述べた本番を求める女風客などと同じような価値観なのだろう。

金を落とさせるためにプライドをあおる巧妙なシステム

令和のホストのSNS戦略は一方的に情報を拡散しているだけでなく、興味を持ってくれた女性とは積極的に連絡を取り、ホスト側から客側の生活に入り込んでいく。色恋営業をされることで、ホストクラブに足を運ぶようになる女性も多い。そして非日常がいつでも日常に転換されるような仕組みが存在している。ホストにハマるとホストクラブを中心に世界が回り、そこが居場所に思えてくる。ホストが発する言葉を営業として割り切ってたまに行くのではなく、その虚構を維持するために不要な人間関係を断ち切っていく。そうしていつしか推しが偶像ではなく日常と地続きであるように感じられ、推しが商品でなくなったあとでも自分だけは一緒にいられるような気がしてくる。そうした錯覚を、ホストは言葉巧みに与えてくれる。「未来の関係性」に対する期待感を金銭に換える、〝繋がれる推し〟の立場を利用した搾取といえるだろう。筆者はこのホストクラブの特殊な営業形態と誇示消費システムが、現代の推し文化にかなり反映されていると考える。そのために、続いてホストクラブのお金が回るシステムについて解説していきたい。

ホストクラブには、独自の「初回料金」というものが存在する。60分1000～300

0円程度で焼酎が飲み放題。5〜10分おきに在籍するキャストが入れ代わり立ち代わりにやってきて会話をする。この時点では「推し」である「担当ホスト」は定まっていないことになる。この安い初回料金は集客目的なので、ホストクラブ側からしたら赤字覚悟のシステムだ。初回に安く飲むことを目当てにしている客は「初回荒らし」と呼ばれる。これはアイドルの現場にだけ行ってチェキを取らずに空気を味わうタイプのオタクや、配信ライブは見るが課金をしない、いわゆる「無課金ユーザー」気質にも通じる。

ホストたちは初回客から連絡先を聞き、連絡や食事を重ね、店に呼ぼうとする。2回目の来店では指名する「担当ホスト」を決めると、座るだけで最低1万円、軽く飲んだら3万円、使うお金は無限大のホストの世界に誘われるのである。

そして、ホストクラブには誇示消費をしたくなる仕掛けがたくさん存在している。例えば、毎日一番売り上げたホストが、一番金を使った女性の横でカラオケを歌う「ラストソング」がある。店のその日のナンバーワンを決めるシステムで、1位になって歌いたいホスト、1位にして歌ってもらいたい客が札束で競うこともある。2人の客がそれぞれ20万と30万を使いラスソンをホストがとった場合、ホストは30万円を使った客の横でラスソンを歌う。客は「その日店で一番お金を使ったイイ女」として振る舞える。

また、月の売り上げでは売れっ子に勝てないホストでも、ラスソンだけはその日一日の売り上げで決まるため、新人や中堅にもチャンスはある。そうした中間層の承認欲求や誇示欲求を埋めるためにも、ラスソンはうまく機能していると言える。

次に、シャンパンコールとシャンパンについてである。現在ホストクラブで酒の値段は年々高騰しており、2000年代半ば、深夜店時代の酒単価はドンペリブラックで20万、ルイ13世で70万円だった。現在はルイの値段は大幅に高騰し300万~350万円となっているため、いくら酒類が高騰したとはいえ、ホスト業界がいかにインフレ化しているかがわかるだろう。

そして、ホストクラブの名物といえばやはりシャンパンコール。小計10万円以上のシャンパンからコールが行われる店が大半であり、数人から十数人のホストがシャンパンを入れた客の前でパフォーマンスを行う。その数分間、店は客とそのホストの舞台として機能する。客、担当ホスト、指名したヘルプホストそれぞれのコメントが店全体に響き渡る。客もコメントを求められ、かなりドキッとさせられる発言も多いので紹介したい。
「いつも楽しませてくれてありがとう！」とホストの顔を立てるマイクをするもの
「このくらいの金額、４日あれば余裕なんで～」と自分の稼ぎを自慢するもの
「〇〇くんの精子ください！　子供欲しいです！」と過激なマイクをするもの
なお、過激な発言やほかの客をあおるようなマイクパフォーマンスは「痛マイク」と呼ばれる。指名しているホストが被っている客に向かって、「好きって言うならシャンパンくらい卸したらどうですか？」とあおるなど、コールを使ってバトルが繰り広げられることも多々ある。巧みなホストはわざと対抗心の強い客２人を店に呼んで、マイク合戦とあおりあいで売り上げを増やす戦法を取る。
シャンパンコールも30万、50万、１００万、３００万円……と値段によって音楽やキャストの数など豪華さが変わる。店に通い慣れていれば、音楽を聴いただけでイントロクイ

ズのように、どの卓でいくらの売り上げがあがったかを計算できる。

また、シャンパンではなく「飾りボトル」を卸すという選択肢も存在する。シャンパンと違い最低でも数十万円から数百万円するこのお酒は、一度オーダーすれば自分が来店するたびにテーブルに並べられる。酒が空になってもだ。すると、客からもほかのホストからも、「アイツは大金を使っている」というのが一目瞭然となる。まさに〝映え〟(※2)であり、誇示消費だろう。飾りボトルはそうした推し消費に溺れる女性たちのステータスであり、ホストと客、両者の権威の象徴なのだ。

シャンパン・飾りボトルともに、SNS映えするものが人気になってきている。シャンパンだと昔ながらのアルマンドに加えてエンジェルシャンパン、飾りボトルだとサンリオなどのキャラクターとも頻繁にコラボしているフィリコ、カラーバリエーションが豊富で「たまご」という愛称で親しまれているインペリアルコレクションなどがある。シャンパンといえばドンペリ、飾りボトルといえばルイのような文化はもはや残っていないと言っていい。

一方で、歌舞伎町のホストクラブ限定で頻繁に卸されているシャンパンも存在する。歌舞伎町の酒の値段は原価の10～15倍程度であり、夜の街で代表的なシャンパンであるヴーヴ・クリコのホワイトラベルは原価6500円前後だが、ホストクラブでは5万〜8万円。対して、ロジャーというスパークリングワインや、オリジナルシャンパンというノンブランドの酒に自店舗のラベルを貼っただけの原価1000円程度のものが、同じく7万円前後で出されている。こうした原価率の低いシャンパンにはボトルバックがついていることがある。客が支払う同じ7万のシャンパンでも、原価1万円ならばバックはなし。原価1000円ならば売り上げの10%がもらえる、という店舗も存在する。だからホストは何かとオリシャンやロジャーを入れたがるのだ。

お酒の大半がオリジナルシャンパンという方針のホストクラブも存在する。同じ値段ならば原価が高くうまい酒を飲みたい……と思うものだが、ホストを「推し」ているぴえん系女子からしたら、酒の味など二の次。ホストに一番喜んでもらえる応援の仕方を選ぶため、卸しても飲まない場合が多い。「シャンパンが飲みたいんじゃなくて、俺にシャンパンを卸したくてお金を使っているんだから、味なんてどうでもいいでしょ？」と口にするホストも存在するのだ。

もはや配信ライブでの投げアイテムのように、シャンパンは半ばバーチャルで応援するための「ツール」であり、品質はあまり気にしていない。キャバクラやクラブなどではイベント時のオリジナルシャンパン以外こうした酒類が置かれることはなく、ホストクラブは「推し」文化がより色濃いことがわかる。

ぴえん系女子を使った記録塗り替えゲーム

ホストクラブが接客を楽しむ場ではなく、推しの記録を上げ、歌舞伎町の記録を塗り替えるゲームとなっている一面が近年かなり強くなってきている。２０２１年、おそらく歌舞伎町史上初の5億円プレーヤーが生まれるのではないかと言われているが、売り上げ以上にインフレが顕著なのは「指名本数」という評価制度とそれに伴う記録だ。

ホストクラブの月間の記録は主に「売り上げナンバー」と「指名本数ナンバー」に分かれる。売り上げナンバーは文字通り1か月にどれだけ売り上げたかであり、指名本数ナンバーは1か月に何組の客を呼んだの記録である。一人の客が25営業日すべて来店した場合が25本。25人の客が月に1回ずつ来店しても25本である。こうした売り上げと本数の現状の順位は裏局域であるバックヤードに常に張り出され、ホストが競争心を高める。

20時～25時の5時間の営業で、1日10人の客を呼んだら単純計算で1人当たりの接客時間は30分。ヘルプや初回の時間を除けば15〜20分程度しか接客ができないことになる。しかし、現在の歌舞伎町には指名本数が４００本、６００本、７００本という記録をたたき出しているホストが存在する。７００本などは25営業日で割っても一日に28人の客を呼ばないと達成しない数字だが、どのようにして行われているのか。

「フォロワーへ　私の友達が無料でクイック連れて行ってくれるらしいのですが、行きたい方いませんか？　ちなみに今日で、場所は歌舞伎町です。いたら私にリプもしくはＤＭください。その子につなぎます。担当ホストにただ本数つけてあげたいだけの子なのでいい奴です……」

これは２０２１年10月31日にツイートされたものである。このように客がＳＮＳや友人経由で他人に「奢る」ことで本数を稼ぐ事例が近年では起きている。さらに、歌舞伎町の路上で客が道ゆく女の子に声をかけて、「本数つけたいのでキャッシャー（レジ前）に一瞬でいいので来てくれませんか？」と声をかけて本数をつけるケースも存在している。指名本数によるナンバーという名誉に加え、本数バックや目標バックなども存在する。本数の記録は持てるならできるだけ多くもっておきたいという考えのホストが最近は多い。

指名本数は元来、売り上げだけでなくより多くのお客に愛されているバランスのいい接客能力の高いホストという評価軸のひとつだった。しかし、こうしたチートともいえる記録の伸ばし方を実践するホストが増えたことで、その意味を失いつつある。ホストクラブで年間毎月1000万円以上を売り続け、指名本数も最大150本近くの記録を保持する、歌舞伎町でも上位数パーセントに入る売れっ子ホストに話を聞いた。

「月間指名本数700本とかやめてほしいよね（笑）。俺は本気でやって150本。それ以上は無理。一回本数にこだわって頑張ってみたけど、かなりキツいと思った。それでもグループの年間のランキングには入るから、ホストの限界はそのくらいじゃないかな。俺は指名で来るお客様が30人くらいいて、毎日来る子から月末だけの子を合わせて毎月100本前後。そこから頑張って150本。売り上げはあおったらどうにかなるけど、本数ばかりはどうにもならないと思ってたらこんな売り方も増えてきて……」

近年の歌舞伎町バブルに関してはこう述べている。

「俺はイベント月じゃなければ、一番使うお客様で200万〜250万円くらい。そのほか100万以上使うお客様が4人。残りの数十万使うお客様で1000万の数字をあげているんだけど。イベントとかで500万ならまだしも、常時その金額を使い続けられる子が増えてきて怖いという感覚はある。特にぴえん系女子には無理する子が多い。1000万とか一人の子に『使うよ！』って言われたら怖いもん。断っちゃうかも」

別の売れっ子ホストも自分の売り上げに対して一人が使う金額が3割を超えないように気をつけているという。「ある程度の売り上げを自分一人で支えているとなると女の子が優位になってしまう。そこをコントロールすることも含めて自分の仕事」という内容の発言をしていた。

こうしたホストがいる一方で、ほぼ一人の客で売り上げを立てている一本釣りホストや、売り掛けに失敗して〝飛ぶ（逃げる）〟ホストもいる。この売り掛けという制度が、ホストたちの稼ぎを暴騰させる一面もあるのだ、が。

女性もホストも陥る売り掛け地獄

売り掛けとは、いわゆる「ツケ払い」のことである。ホストクラブでは売り掛けでの飲食が一般化しており、給料日後である翌月の2~5日に、使った金額を支払うという仕組みだ。10万円しか財布に入ってない場合でも、指名ホストの誘いでシャンパンを入れて30万円の会計をすることができる。その場合、現金で10万円を支払い、残った料金は翌月の決められた日までに入金すればいい。基本的に売り掛けは指定日までに直接店舗にもっていく必要性があり、「売り掛けを入金したら担当切るもん！　ぴえん！」と宣言したホス狂がそのまま店にずるずると引き込まれ、結局、売り掛けを払いに行ったのにまた売り掛けをこさえて帰るといった事態が度々起こる。

風俗で働くホス狂のなかには、月初めに200万円などの売り掛けをし、1か月かけて働いてその金額を稼ぐタイプも存在する。「売り掛けがないと働けない」と話すぴえん系女子も存在する。「稼いで飲む」のではなく、「飲んでから稼ぐ」というスタイルが確立しているのだ。売り掛けをするとその金を払うまで担当ホストとの関係性が切れないこともあり、あえて売り掛けをしたりするケースもある。売り掛けをした場合、覚書として売り掛けの金額を青い伝票、通称「青伝」をもらうことになる。これをホス狂の業界では「伝票はラブレター」「運命の青い糸」などと呼ぶ。

もしもお客が売り掛けを支払えず逃げてしまった場合、ホストが自腹で店舗に支払うことになる。見栄や狸の皮算用でむちゃな売り掛けをした結果、給料がゼロになるどころか店側に借金をするホストも存在するのだ。しかし、この売り掛けという不安定なシステムがあるからこそ、ホストたちは破格の売り上げを立てられるのも事実である。

売掛金をホストが自腹で支払い、客が分割で返済していくことを「立替」と呼ぶ。立替ばかりで現金がないホストを「立替ホスト」といい、許容を超える立て替えが積み重なると、ダサいホストのレッテルを貼られる。「立替」のイメージがつくと、その後いくら売り上げても「どうせ立替」という烙印を押され、カリスマホストへの道は遠のいていく。「立替」によって形の上では1000万円を売り上げたはずなのに給料が80万しかもらえなかったホストもいるくらいだ。

ホストもそこでお金を使う女性も、数字や肩書、立場、関係性という不安定な世界での虚構を維持するために日々奔走しているわけだ。現代の「繋がれる推し」文化のある種最上位に位置し、承認欲求から誇示的消費、エゴすべてを吸い取るのがホストクラブという存在なのだろう。もはや一部のホス狂いにとっては楽しむ場というよりも戦場と化している。

注釈

※1 趣味の女

ホストクラブ用語。店で少額しか使っていない、もしくは店に行かなくてもホストに「趣味」のように相手にされている女の総称。ホストからしたら「店に来てもこなくてもいいどうでもいい存在」だったりもする。「お金を使ってないのに相手にされている」という優越感と、けれど本命の彼女にもなれない絶妙なポジション。いずれにせよ、シッカリ店で金を落としている客からすれば嫌な存在である。趣味を優先して客の管理ができないホストは5流。

※2 映え

「SNS映え」「インスタ映え」など、その場の原体験よりも「写真に残したときにいいかどうか」という基準でものを選んでいるときに多用される表現。一時期、おいしそうなキラキラした見た目だけど実際はそうでもないスイーツなどが、写真を撮ったらすぐに捨てられていて問題になった。現実世界よりも、SNS上で「どう見えるか」というまなざしを受けての行動なのがぴえん世代らしい。

第六章

「まなざし」と「SNS洗脳」

他者からのまなざしにとらわれる日々

「リストカットしているた投稿にいいね！が大量にきて、私も生きていいんだと思った……」

歌舞伎町の路上で、手首の傷痕に触れながら、19歳のマユミはそう呟いた。歌舞伎町を中心に生きる、20歳前後の若者たちの病みカルチャーを本書で論じているが、私が定義づけしたぴえん系は男女ともにSNSにおける〝数字〟に日々、とらわれすぎているように感じている。

第一章ではぴえん系女子がリストカット、薬物やアルコール類の大量摂取によるODなどの病み要素までもファッション化していることに触れた。

第二章ではトー横の少年少女らが過激な行動を取り、それをSNSにアップすることで目立ち、アイデンティティを確立させている様子を記述した。

第三章ではTビルで自殺未遂したソープ嬢が、推しのホストの一番の太客になれず、「お金を使わない私に価値はありますか？」と、自分の価値と金額を天秤にかけている様子を紹介した。

第四章、五章で触れた「推される側」の男たちと、そこに金銭を投じる女性たち。彼らはまさに「売り上げ」や「指名」「金額」といった目に見える数字で自分の価値を証明し続けないといけない存在である。誰かにかわいい、カッコいいと言われたところで、その言葉よりもネットの顔の見えない無数の人間のうちの何人から評価されたかということばかりを気にし、リアルの声がかき消されてしまうようなケースもある。

冒頭のマユミのように過激な行動をＳＮＳにアップしては、他人からの「いいね！」や「フォロワー数」という数字に自分自身の価値を委ねがちであり、数字が減ると自分の価値も減ったように感じる世代。こうなったのはいつごろかだろうか。これはやはり、他者からの「まなざし」を受けるようになった近代都市の価値観が、ＳＮＳによって全国的に伝播したからこそ、ＳＮＳ中心に生きるぴえん世代で大きな現象になっていると筆者は考える。

社会学者の見田宗介による『まなざしの地獄　尽きなく生きることの社会学』（河出書房新社）は、貧困の底から中卒で上京した少年が市民４人を射殺した事件を少年の手記などを参考に分析し、「都市のまなざし」にとらわれていく様子を記録している。出生地と人格を結び付けて誹謗中傷を受けながらも、都会に適合しようとして藻搔いていた少年ら。出生、学歴、肩書といった抽象的な表相性のアイデンティティが否定されるなか、都会で自分のアイデンティティを確立させようとするならば、服装、持ち物、容姿といった具体的表相性で自身を飾り付け、記号によって自己表現をするしかなくなってしまう。自分の存在を主張すればするほど、都会で好まれるものに「擬態」し、本来の自己表現から乖離するという矛盾が生じるのだ。第一章で取り上げた「擬態ぴえん」もまさに、都市のまなざしに焼かれ、迎合しようとした結果の産物と言えるのではなかろうか。

見田宗介の研究での少年が生きた時代はかなり古いが、こうした価値観は普遍的に都市に残っている。いつの世も、不安定な自我をもつ人がハイブランドで身を固めて自己を物語ったり、歌舞伎町やSNSという世界での新しい表相性として数字を追い求めている。

街を歩くと、さまざまな広告を目にする。わかりやすいもの、美しいもの、きれいなもの、価値があると「される」もの……。歌舞伎町を歩けば、「1000万 PLAYER」と自分の価値である数字を張り付けたホストの顔が並ぶ。アイドルの推し活の看板や、「推し活応援」グッズの販売が増え、「推し」という言葉が目にする機会が格段に増えた。

家に帰り、スマホを開く。「推ししか勝たん！」「お金を使うのが正義！」のような過激な動画やツイートが流れてくる。スクロールするだけで情報として入ってくるSNSの広告は、キラキラしていて欲望をあおるものばかりだ。自撮りや自分の持ち物、生活の様子を呟けば、即座に他者からのまなざしに晒される。メディア文化が発達しデジタル・コミュニケーションが主流の現在。個人はSNSによって視覚的に可視化され、フォロワー数やいいね！数、コメントの内容などで評価、序列化することが可能になった。

今やどこに住んでいてもネットさえつながっていれば、「都市のまなざし」の対象下にある。地方の文化やファッションなどではなく、都市が作り上げた資本主義的な価値観を、ネットから吸い上げたぴえん世代は、その表層をまとい田舎町を歩く。歌舞伎町の大手ホストクラブが地方都市に出店するとき、その地方の地域性を配慮しつつも、店舗による酒類の値段は歌舞伎町の店舗と同じであった（地方のそうした夜の店は、いわゆる「地方価格」であり、歌舞伎町よりもかなり安価なのが一般的である）。その地方の物価や最低賃金などはお構いなしで、都市における資本の論理をもってくる。推しのチェキやライブの値段も同じで、推し文化は全国的にそのような側面があるように感じる。

現在の日本は誰もが「まなざしの地獄」に晒されている。

外見も、行動も、性格も、すべてが「資本」たりえる

ＳＮＳで不特定多数から支持を得るには、かわいさ、派手さ、過激さが一番手っ取り早い。迷惑ＹｏｕＴｕｂｅｒの類いが、いまだにのさばっているのもそんな理由からだ。ぴえん系は男女ともにまなざしの地獄に生きているが、万人受けを狙うのではなく、数百、数千の単位でのいいね！をもらう「界隈ウケ」で生きているように思う。大きな範囲で有名になるのはほんの一握り。規模を縮小すればそのなかでは有名になり、チヤホヤされる。フォロワー１０００人程度の界隈ならば「有名人」扱いを受けることが可能なのが現代のＳＮＳ。トー横界隈も、この小規模な有名人に該当するだろう。

第五章でホストがＳＮＳ活動で自分を見失うと記したが、ぴえん世代に共通するのはそして、ぴえん世代はいつしか、自分を見失っているように私は思う。いくらかわいくても、少しでも炎上するような発言や、「他者」が気に入らない行動を取ると「そんな人だと思わなかった。推し降ります」と簡単に切り捨てられる。ホストのような職業でブランディングをしていなくても、誰しもが推される可能性のある現代では、こうして勝手に推されて勝手に失望される可能性がある。いいね！を得ることを前提に発言を考えないといけな

くなり、どこまでが自分の本音で、どこまでが支持を得るための発言なのかを区別することが難しくなり、自分自身が消費されている感覚を日々まとうことになるのだ。

そうしたSNSで容姿を含めた表象を誰もが発信し、誰もがジャッジできるようになった現在、容姿に対する評価やその功罪を、「ルッキズム」という概念で議論されるようになってきた。ルッキズムとは2000年ごろから学術的に扱われるようになった概念で、一般的には「外見に基づく偏見や差別」に加えて「美」や「魅力」という表現で説明されている。このルッキズムによる病が蔓延しているのが現代社会だと筆者は考えている。

大妻女子大学文学部コミュニケーション文化学科の教授である田中東子は、『現代思想』2021年11月号（青土社）に寄稿した「娯楽と恥辱とルッキズム」でこう述べている。

「ルッキズム」――は、長い年月、女性たちを傷つけてきただけでなく、今日においては男性たちにもその攻撃の手を広げ始めている。いまや外見を整えたり、ファッショナブルなスタイルを保ったりするボディワークは、ジェンダーの垣根を越えて、ファッション―美容複合体の巨大なマーケットと化している。今日の社会において、個人の身体は資本主義最大の、そしておそらく最後の開拓地なのである。

この「個人の身体」に加えて、「個人の言動」すらも資本主義の消費対象になっているのがぴえん世代だと私は考える。意見や価値観、外見、その外見を使って表現するものすべてが消費対象であり、「推されるアイデンティティを確立できているか」という他者からのまなざしを受けての思考に支配されている。

日々受けるのは「記号に当てはめられたコンテンツ」

冒頭の見田が分析した少年の話は1960年代の話であるが、2023年現在のぴえん世代も同じような価値観をもっている。

「若いうちに女を使って、整形してかわいくなって、ハイブランドをもったら勝ち組っしょ！」

一部のぴえん系女子の間で、そんな風潮がもてはやされていることにも筆者は危機感を覚えている。ほんの数年前までSNSにおけるファッションやメイクのトレンドは〝盛る〟だったが、現在はとにかく一発のインパクト重視の〝映《ば》える〟に変化したように思える。整形でもいいから美人だったり、高級なハイブランド品をもっている人が、いいね！

を集める。

「同年代のあの女の子のアカウントは、なんであんなハイブランドが買えるんだろう？」

そんな疑問をもった少女が調べていくと、パパ活というものがあり、一緒に食事をするだけで数十万円もらえるらしい。そんな勘違いが生まれる。そこに、〝パパ〟をうたう人物からＤＭが届く……。援助交際の始まりになりかねない。

パパ活という言葉がライトになった結果、「ご飯だけだし」と軽い気持ちで始めてしまったり、「ごはんだけで１００万円もらった」などの突飛な話を信じてダマされる若い少女たちもいる。ＳＮＳはそうした実像はごまかされ、キラキラした表層だけを「映え」るように切り取っている。そうした投稿に惑わされ、「もしかしたら私も……」と業界に参入してしまう少女もいる。

逆に、「キラキラしていることがマイナスイメージ」になる場合もある。現在のＳＮＳでは持ち物から生活スタイルまでメディアに「晒し」さえすれば大衆がアレコレ判断してくれる。清楚をウリにしているアイドルやミスコンの出場者、地下アイドルなどがハイブランド物をもっていると「パパ活をしている」「夜の仕事をしているに違いない」といった一方的なジャッジを受けることになる。対策として仕事やみんなに見られるアカウントではハイブランドのもの写さずに一般的な大衆が想像する「大学生らしい」ファストファッションに身を包んだ写真のみを投稿する。「非日常の出来事」を切り取ってキラキラした自分を演出する手段だったSNSが、他者のまなざしによって「日常を演出するメディア」に変わってきているのかもしれない。実際、筆者も高級な料理だけをInstagramに投稿してたら、後輩から「毎日あんな高いものを食べてるんだと思っていた」と言われた。実際はマクドナルドやすき家で食べたごはんをわざわざ投稿しないだけで、非日常だからこそSNSにアップしているのであるが……。

また、私はSNSの広告システムも問題だと考えている。SNSでは自分がフォローしている人や物のターゲティング広告が表示される仕組みが多い。TikTokやYouTubeといった動画投稿サービスにも、自分の視聴履歴に関連してレコメンドによってオススメ動画が提示される。

自分で主体的にコンテンツを選び取るのではなく、「あなたみたいな人間はこういうものが好きでしょ?」という記号への当てはめを日々受けることになる。前述したハイブランドの投稿を見続けていて、同時に表示される広告は美容整形外科や出会い系サイトばかり……。「大学に行きながらパパを見つけて稼いじゃおう!」「ハイブランドばかりのあの子はパパ活をしている！」など。今や個人広告も出せるため、水商売の人間が自分のアカウントを宣伝したり、怪しいスカウトが案件を流すことも容易になった。物事の分別がまだついていない子供が見たら、どうなるのか。

美容に興味がある男女のアカウントには、絶えず美容の広告や勧誘のＤＭが届く。夜の仕事を始めたきっかけについて問えば、「ＤＭが来たから」と話すぴえん世代は男女を問わず多い。顔出し写真を投稿しているとき、「消費財としての価値」を見極めている人物が無数に存在し、「あなたの外見には価値があります、金銭と交換できます」としてスカウティングのＤＭを送ってくる。そうしたアカウントは「関連」で表示され、一度でも触れると簡単に類似情報にアクセスできる。

また、そうした夜の仕事をあっせんするものとインフルエンサーは密接な関係にあることも多い。例えば整形をしている美容系ＹｏｕＴｕｂｅｒがいたとする。動画を見てファンになり、Ｔｗｉｔｔｅｒをフォローする。そうすると「お金に困っている子は○○さんに連絡してね！」とスカウトを紹介する投稿をしているケースが存在する。こうしたツイートをすることで、インフルエンサー側にはスカウトから数万から数十万円の謝礼が入ることも知らずに……。

ほかにもネットスカウトがAmazonギフト券やハイブランドの商品を「プレゼント企画」として拡散しており、数百～数千リツイートされるケースもある。ウェブ検索と違い美容やコスメ、ファッションなどに興味があるだけで流れてくるSNSは、嫌でも情報が入ってくる。その結果「高校を卒業したらたくさん稼げる！　風俗をやって推しに貢ぐ！」と安直な考えに走ってしまうぴえん世代も存在するのだ。

男も「美しさ」を求められる時代へ

このSNSによって作られた外見至上主義は、男性への影響も大きい。令和の時代、男でも外見を気にするべき！　清潔にするべき！　といった言葉が増え、息苦しさを覚えている男性も多いのではないだろうか。スキンケア・ヘアケア用品の広告は以前は「モテる男」としてガッチリした逞しい外国人男性などがCMに登場していたが、最近では男性の「美しさ」に焦点をあてた広告が増えており、それはスキンケア用品にとどまらずアイシャドーやアイライナー、口紅といった女性が使うとされるポイントメイクにも見られる傾向である。日本でブームを巻き起こすK－POPアイドルも、メイクを当然とばかりに行

店舗 /chocolat　ホスト名 / 湊叶迴
SNS への投稿には ＃韓国 #bts #kpop ＃テヒョンなどがあり、韓国のアイドルグループの男性と同じようなマスキュリニティを内包していることがうかがえる。
写真提供／ tsubasa_works12

っている。これは女性から見た男性性と男らしさが変化しているのだ、と筆者は思っている。

　例えば一昔前のホストクラブの宣材写真といえば、スーツを身にまといスジ盛りと呼ばれる特徴的な髪型をし、ギラギラした男らしさを前面に押し出すような写真であった。いわば旧世代の価値観だ。近年のホストクラブではそうした宣材は減り、美しさを強調するようなポーズや淡い色合いで加工したものが増えてきている。さながら化粧品ブランドの美男子を使ったポスターのようである。逆にスジ盛りすることを「スジ盛りイベント」として開催している店舗もあり、昭和レトロのような懐古イベントとしての立ち位置に変化している。そうしたホストの美しい自撮りや宣材写真は、ネット上で「美人すぎる」「女子やめたい」「尊い」「暴力的な美」などと絶賛される。美しい男性を見て、それに憧れた男性が歌舞伎町へと足を踏み入れることになる。

第四章では、自分の意志で男性を買う女性が、男性からの「まなざし」を意識して購買行為を行っていると述べたが、こうしてみると男性の美しさと男らしさにもまた、女性からのまなざしが向けられているともとれる。

ぴえん世代のヘゲモニックな男性像というのはやはり「容姿がいい」だろう。あるホストクラブのイベントで、「オタク&ヤンキー」というものが開催されていた。旧来の秋葉原系のコスプレをしたホストたちが、「俺たち、チー牛（※1）です！（笑）」「今日はブスでモテないオタクのコスプレです！」という一方で、男らしいヤンキーのコスプレはヘゲモニックな男性像で対比的に存在していた。男性同士の容姿とそれに伴う資本としての価値（ホストなどの接客業なら売り上げ、アイドルなら知名度、フォロワー数など）は男性同士の関係性のなかで覇権化・従属化されている。それらはそうした男性を品定めして値札をつけ、「推す」――「見る女性」の主体的な女性のまなざしによって強化されている。

行きすぎた外見至上主義と残酷な数字による現実

顔さえよければ許されるというのが、近年のぴえん世代の文化観が内包する危険性だと筆者は思っている。TikTokでは2020年からニュースが配信されるようになったが、コメント欄には今のぴえん世代の率直な意見があふれている。例えば性犯罪で逮捕された男の容姿が優れていたとき、「私なら許す!」「イケメンだからノーカン」など投稿され、容姿が劣る犯人に対しては、辛辣で罵るようなコメントが投稿される。犯罪者ですらこの扱いであるならば、一般層の外見至上主義的な流れはますます強化されると推測される。

恵まれた容姿の「身体資本」があれば利益を生み、人生がうまくいくという信仰。これは身体の客体化=外見による序列と、他者と比較し続けて病む人生に陥るだけである。容姿に投資し、自分磨きをしても、何かがきっかけで傷つくことや不利益は人生において起こりうる。すると「容姿が悪いから」という極端な思考に陥る。筆者はそんなぴえん系女子を何人も見てきた。男性も客体化され、女子も男子もこうした過度なルッキズムに支配された現代社会は、なんと生きづらいことだろうか。

ボディ・ポジティブ運動など世間ではルッキズムから抜け出した社会への提唱が行われているが、美容業界や広告のなかではそうした規範をつくるものの根本的なルッキズムというものは残存している。そして、自身の身体や外見を商品として売る水商売・風俗産業ではやはり外見で判断されることが多く、自分の身体的価値が数字や人気で残酷なまでに可視化される。

最近では水商売や風俗に斡旋するスカウトが路上での声掛けだけでなく、Ｔｗｉｔｔｅｒなどを用いてハイブランドやきらびやかな「都会的生活」に憧れる女子たちをターゲットに発信を行い、稼げる店舗を紹介する「ネットスカウト」としているケースも多い。彼らは女性たちと直接は合わず、自撮りの顔写真に加えて、身長や体重、タトゥーや傷の有無をフォーマットに記入して送ってもらう。そのテンプレートを紹介しよう。

テンプレート
■希望面接日：
■希望出勤時間：昼10時から17時or夜17時から24時の時間内で

■週希望出勤日数：
■氏名：
■年齢：
■身長：
■体重：
■バストカップ：
■タトゥー・キズ：
■身分証：
■本籍地記載住民票の有無：
■お住まい：
■経験業種：
■前職：

ネットスカウトが台頭して数年、女性の身体的価値の基準のひとつとして「スペック」というものが存在する。これは身長から体重の数字を引いて算出する数値であり、160

㎝・60㎏なら100、160㎝・50㎏なら110という具合である。当然、低身長の女性は高い数字が出にくいし、体脂肪率などの見た目の差異を考えると必ずしもスペックが高い＝稼げるというわけではない。しかし、あまりに「スペック」という概念が美容・夜職業界でひとり歩きしてしまったため、無理にでも痩せてスペックを上げようとする女性が増加している。

このスペックとバストサイズを掛け合わせた「スタイル偏差値」なるものがネット上に流れているくらいである。夜の仕事をするうえでは、ある程度の容姿は「稼ぐ」ためと「店のレベル」を保つために必要なことはわかるのだが、美容に興味のある中高生などがこうした概念を知ることで、自分の身体的価値を測るようになる可能性がある現状にはやはり懸念が残る。そして、こうした投稿の前後には美容整形やダイエットジムの広告が並ぶ。「きれいになるため」に夜の仕事で大金を稼ごうと業界に飛び込んだが、結局は「稼ぐため」にきれいになる必要性に迫られ、目的と手段が混同してしまう人も多く存在する。

整形特集がテレビで放映されることが増え、「中顔面」などの整形用語が一般的になった。コロナ禍で化粧品メーカーのKATEから発売されたマスクは「中顔面を短く見せる小顔マスク」というキャッチコピーで販売されていた。

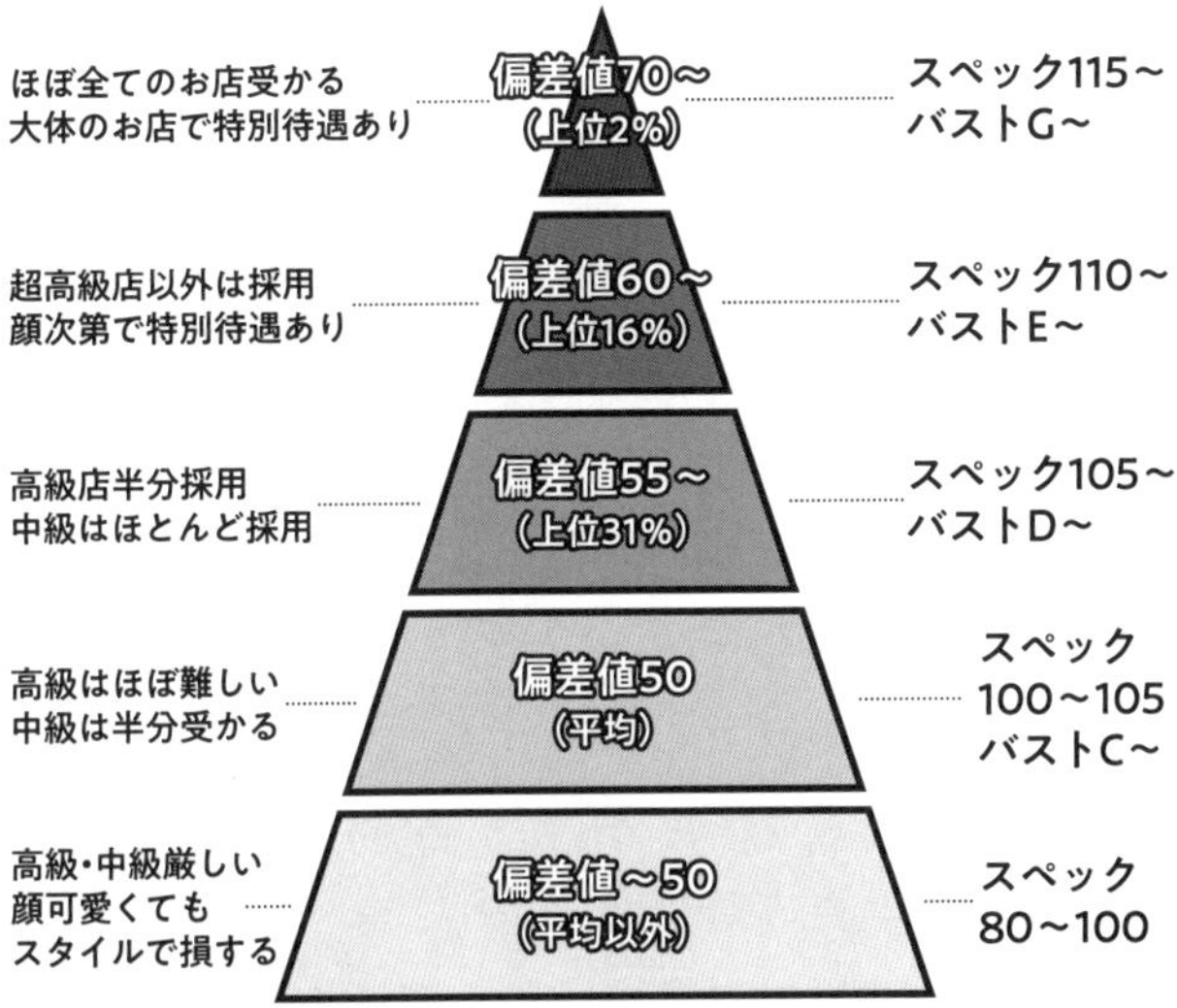

※スタイル偏差値の提供：うらら氏（@urara_scout__）

そうした美容品を購入したり、自己投資をすればある程度容姿は「整う」ものであり、金銭的投資、文化的投資をしていない人は「美意識が足りない」「怠けている」などと糾弾される。こうすると元から金銭的投資や文化的投資をするための資本が不足している人はさらに不利な立場に追いやられ、格差が広がる一方である。そして、そうした美容目的に多額の金銭を稼ぐために、自らの「性」を切り売りしていく。

思考停止するぴえんたち

もうひとつ、ぴえん世代の特徴と危険性について記述したい。圧倒的な情報化社会のなかでの「余暇の不足」である。

ぴえん世代は常にスマホに触れており、動画や広告、生きているだけで垂れ流される情報を見続けている。時間が足りずに、動画を1・5〜2倍速で再生して視聴する子も増えてきている。コンテンツを味わったり、感想を咀嚼して言語化する時間が絶対的に足りないのだ。動画とともに「それはぴえん」「これはエモい」「良き」と語彙力が欠落した単純な会話が繰り広げられるのもぴえん世代の特徴である。時間が足りずにSNSで流れてきた記事をタイトルと導入部だけ読んで判断している人も、読者の中に入るのではないだろうか。そうした慢性的な時間不足は現代人の特徴ではあるが、こと、ぴえん世代はそうした傾向が強い。

特に今は「エモい」「ぴえん」なんていう便利な言葉が生まれてしまったせいで、何を見ても「エモい」とだけ表現したり、何を感じても「ぴえん」で説明し、すぐに次のコンテンツを貪ってしまう。何をどうエモく感じたのか、言語化することをサボりがちな気がする。何を見たか、どこに行ったか、何を買ったかだけをシェアするSNS。代表的なものがInstagramだ。そして「私もここ行った！　いいよね！」といったリアクションがくる。その中で何が良かったか、あなたはどこに心が動いたのかといったやり取りを交わせるような友人がいるか、と思うと数えるほどいないのである。

今の時代、本当に好きなものを何時間も語れるような仲間を見つけることが、逆に難しくなったのかもしれないと筆者は考える。昔は「クラスで一番かわいい」「クラスで一番絵がうまい」などの狭いコミュニティでの評価だったものが、今ではネットで簡単に自分よりも優れている同年代にアクセスできてしまう。

だからこそ常に「自分にしかないもの」を探しているけれど、それもなかなか難しい。そんな社会で自分

の存在価値を確かめるには、やっぱり数字で評価されたり、お金を使ってでも誰かに必要とされる場所が必要だし、推されることで自分の価値を確かめるという側面もあるのだろう。

推される側も推す側も、そこに価値を見いだして相互作用的に依存しているのではないだろうか。こんな複雑怪奇な時代に生まれてしまったのだ、まさしく「ぴえん」な状況なのかもしれない。

注釈

※1 チー牛

「すいません。三色チーズ牛丼の特盛りに温玉付きをお願いします。」と頼む男性のイラストが発祥のネットスラング。主に太った男性に使う「ピザ」や、流行にすぐ乗る女性に使う「スイーツ（笑）」に続く、令和の食べ物発の蔑称である。

特別対談

歌舞伎町の住人たちの「病み(闇)」と「承認(光)」

累計1800万部の代表作『闇金ウシジマくん』に続き、
ヤクザや半グレを顧客とする弁護士を描く『九条の大罪』が
大ヒット中の漫画家・真鍋昌平氏。
九条の第4巻ではぴえん系女子が登場し、
その病みと承認を求める姿が話題を集めた。
そんな真鍋氏と佐々木チワワによる特別対談が実現！
モラルや正論だけでは救われない人間たちを描き続ける
両者が見た、現代の歌舞伎町の住人とは!?

――異なる舞台ながら共に「ぴえん系女子」を描いたおふたり。プライベートでも親交があるそうですが、どういったご縁だったのでしょうか。

真鍋　歌舞伎町でいろいろと面白いお店を経営されているストリッパーの友達がいるのですが、その方からの紹介です。僕がちょうど（『九条の大罪』で）ぴえん系女子を取材している時期だったので、「それなら最適で面白い子がいますよ」とつないでもらったんですよね。

佐々木　ただ、実はそれ以前に別の知人の紹介で真鍋先生の誕生会に呼んでいただいて、そこで一度しゃべってはいるんです。先生はもう随分とお酒が回ってましたけど（笑）。私のような小娘に対して敬語で丁寧に話してくださって本当に優しい人なんだなと感じました。

真鍋　そういった感想の後に「あんな漫画描いてるのに」とよく言われます（笑）。でも、僕も若い頃から新宿には魅力を感じていましたけど、歌舞伎町はさすがに怖くて。昔に比べれば随分と平和になったかもしれませんけど、チワワさんのように15歳から通われているなんてすごい。

佐々木　実家がタクシーの範囲内なので、最初は本当に家出がきっかけなんです。2万円を握り締めて友達とふたりで2日間過ごして。変な名前のラブホテルを探して回るだけでいくらでも時間が潰せた輝かしい青春です（笑）。

真鍋　僕なんかその年ごろは、まだ服で鼻水拭いてましたよ。でも、実家から近くても歌舞伎町は世界が全然違いますよね。

佐々木　やっぱり街のお兄さんやお姉さんから話しかけられたんですけど、「ただの若い女」として扱ってくれたのが逆に嬉しくて。肩書や学校の成績なんか誰も気にしないし、見た目や若いということの価値だけが大事で、「夢なんかなくてもいいんだよ」的な空気感が当時の私には本当にラクで居心地がよかったんです。

真鍋　最近は世の中全体が鬱屈としてきたから、トー横にいる若い子たちも同じ気持ちなのかもしれませんね。チワワさんの場合と違って自分が取材でその子たちに声をかけた際は冷たい対応をされましたけど（笑）、本人たちは本当に楽しそうでした。でんぐり返ししたり、相撲取ったり（笑）。

佐々木　歌舞伎町には刹那的に生きている感じに加えて、「周りになに言われても関係ないじゃん」といった人たちが集まりがちですよね。夜の仕事のこともそうだし、親や世間の評価なんて気にせずに自分と周囲の世界を最優先にする人たちが多いからこそ盛り上がりやすい側面があるのかなと。それに加えて、トー横にはネット配信者たちも集まっているので、その「推し」に会いにくる若い子も多い。それこそ、トー横にいた12歳の子の淫行事件の例もありますから。

真鍋　今ではホストも（客の）年齢制限が厳しいですし、ジャニーズや韓流アイドルの「推し」と違って、一部の配信者たちには実際に会いにいけてしまうわけですね。

佐々木　そうなんです。なので、子供が「推しだよ」と言う対象がどんな職業や立場なのか、親はちゃんと見たほうがいいと思います。それに、歌舞伎町やトー横は親子関係が悪い子供たちにとって逃げ場になっている可能性もあるので、親世代にも文化として知ってほしい気持ちはありますね。

苦しいはずの当人が
幸せを感じていることも多い（真鍋氏）

――『闇金ウシジマくん』では15歳の少女がホストにハマった末に衝撃的な結末を迎え、『九条の大罪』ではぴえん系女子が悲しい事件を起こしました。現実社会において彼女たちのような存在を救うにはどうすればいいと思いますか。

真鍋　いわゆるメンヘラ系女子全般に限らず、アウトローを取材しても感じることですけど、傍から見て明らかに騙されていたり、不幸な目に遭わされても、そのときに本人が喜んでいて幸せなので何を言っても焼け石に水なんですよね。

佐々木　わかります。DVなんかされていれば別ですけど、ホストや彼氏と無理やり引き離したところでその子の心の空虚を私が埋められるわけでもないし、止める権利もない。何かあったら連絡してね、くらいしか言えない。

真鍋　こうしたほうがいいですよ、とアドバイスしたところでその先にある未来への想像がつかないから響かないんですよね。ただ、いずれにせよ、端的なところに幸せを求めると無理をするので必ず破綻する。そうではなくて、今すぐ自分にできる範囲内で本当に面白いと感じる瞬間をどれだけ増やせるかが大事だなと思います。自分の場合は食べたいものを作ったり、犬の散歩だったり、それは簡単に手に入れられる幸せじゃないですか。

佐々木　それが歌舞伎町では「お金を稼いでいる時間以外はムダ」「売り上げゼロは無価

値」といった洗脳を受け、だんだんと視野が狭くなってしまうんですよね。周りのホス狂いの子たちも「学校の友達とごはん行くくらいなら、おじさんとパパ活して1万円稼がなきゃ」なんて普通に話してて、本当に死に急いでいる感じで稼いでいて。何もない時間を楽しめるだけの心の余裕がある人は限られていますね。

真鍋　漫画も結局売れないと無価値にされちゃう面があるので、少しだけ気持ちはわかります。「朝まで飲んでも昼には描いていてすごいですね」なんて関係者にはよく言われるんですけど、描いているほうが精神が安定するんですよ。

佐々木　そういう意味では、トー横の子たちはあの場所にたまっているだけで何時間もつぶせるからすごく幸せだと思うんです。ただ、家庭や学校に居場所をなくして見つけたその場所さえ嫌になって抜けるときに、やっぱり夜職だったり、売春だったり、安易な思考に陥りやすい印象があって。

真鍋　それに加えて最近は警察の見回りも強化されたり、花壇の縁に鳥よけシートを設置して座れなくしたり、締め付けも厳しい。

佐々木　本当にいつなくなるかわからないコミュニティですし、実際に関係者の中にも「あそこは終わりッスよ」なんて言ってる子もいるから、このまま短命なのかもしれない。

けど、私はやっぱり歌舞伎町が好きだし、自分自身が10代のころにお世話になったので。この後また新しい文化が生まれるか否かも含めて、見届けて行きたいですね。

——新型コロナによって生活困窮者の増加は深刻化しました。歌舞伎町やぴえん系女子を取材するなかでの印象はありましたか。

真鍋　アウトローの方々に関しては、逆に景気がよさそうだったんです。特に半グレ的な人種は潰れた店の跡地に焼肉屋やら寿司屋をバンバン作ったり、「キャバクラ代が浮いて金の使い道がないんですよ」と会うたびに時計が違っているような方が目立ちました。ほかとのギャップが余計に際立ちましたね。

佐々木　歌舞伎町もホストは儲かった店が多く、今年は史上最高売り上げの5億円プレーヤーが生まれるとまで噂されています。その一方で、コロナ禍で収入が落ちた風俗嬢の取材協力者をツイッターで募集したところ、一日で30〜40人から連絡があって。5000円の謝礼でそこまで反響があったのは驚きました。

真鍋　5000円でもありがたいですよね。自分が取材したぴえん系女子も家賃が支払えなくなって友達の家に転がり込み、そこでポコチャ（配信アプリ）をやりながら生活していて。一日十数時間、起きている時間のほとんどを晒して「花火（投げ銭）ください！」と時折お願いして、ようやく日々の食事にありついている様子でした。

佐々木　トー横キッズの配信者たちもそれに似ていて、PayPayのQRコードを貼るだけですぐに1000円くらいなら送ってくれるファンを抱えています。最高で5万円もらった子もいるんですが、やはりその限られた世界でこそ支持されているわけで。それだけで一人暮らしの費用を貯めたりして現在の環境から抜け出すのは簡単ではありませんよね。

真鍋　それとは逆に、今まで稼げていた子は収入が落ちても生活水準は落とせずに破綻する例もありますよね。自分はコロナ禍のある時期から急に「クレジットカードの代金が支払えずに困ってるんですけど」的な連絡が増えたのですが、何に使ったのか聞いても大体みんな「よく覚えてないんです」と。で、久しぶりに会ってみると（整形して）だいぶ顔が変わっていたり（笑）。

佐々木　特に歌舞伎町では「お金を使わなければ価値がない」思考に陥りやすい。それに、男性客とホストにしか会わない生活をしていると、基本的に「かわいい」としか言われないので、美的感覚まで狂ってしまうのはすごく怖いと思います。たまに昼職の友人と集まっても、会話内容や立ち居振る舞いで浮いてしまうと逆に敬遠されますから。

真鍋　なるほど、そうなるとますます歌舞伎町に染まるしかないですね。その点、若くして自分が本当にやるべきことを見つけて、ホスト通いまで卒業されたチワワさんはすごいですね。

佐々木　ホストは半分取材を兼ねているので、嗜む程度には顔を出していまして……。でも、昔のように大金使うとかは無理なので、先日の担当の誕生日も安いシャンパン入れて「ごめんなさい！」と30分で帰ったり、本当にそんな感じです（笑）。

真鍋　取材だったら経費で落としてくれる編集部もあるでしょうけど、シャンパンは僕でも無理です（笑）。研究対象としての側面がある現在では、どういうホストが好

貧困化する歌舞伎町で、異常に稼ぐものもいる事実（佐々木氏）

きなんですか？

佐々木　最近はお店でそう聞かれたら、「仕事のモチベーションになる人」「ストイックな人」「エモい人」と答えていますね。担当は3人いるんですけど、最近指名した子は本当にお金なくて、給料も4万円くらいなんです。なので、（歌舞伎町の）大番寿司に連れていったら「回らない寿司は『すしざんまい』以来だ！」と感動していて、「なんでも食べな！」なんて言いながらこっちのほうがうっとりしてしまって（笑）。

真鍋　いいフレーズ残しますすね。それはエモい（笑）。

佐々木　そうなんです、そういう「言葉」に弱くて。なので、ほかの担当も自然と創作ネタになる台詞を吐いてくれる人ばかりなのですが、その一方で『九条の大罪』を読んで「○○君のために！」「○○くんがいればほかはどうでもいい！」と思う相手に出会いたい気持ちも強くなりました。

真鍋　それこそ、その本人にとっては絶対に幸せな瞬間ですよね。

佐々木　そうなんですよ、潤いが欲しいんです。なので、最近は「俺のためにライターなんかやめて夜職やってくれよ」的な営業も久しぶりに受けてみたくて。「どうしよう！」とか悩んでみたいんです（笑）。

――『九条の大罪』では第1集のアウトロー弱者が軽度の知的障害者、第4集のぴえん系女子も虐待を受けた精神障害者として描かれています。こうした設定は取材経験を反映させてのものなのでしょうか。

真鍋　そうです。どちらも特定のモデルがいる訳ではないのですが、最近は弁護士取材の過程でいろいろな事件を追うようになり、本人たちは当然生きづらく、一般社会の枠からはみ出したグループにいながら、そこでも疎外感があったりして。

佐々木　知人の編集者が今年「貧困特集」をやったとき、どの方も孤立していて、貧困があり、そして軽度の精神障害を抱えている例が多かったらしくて。その後で（『九条の大罪』を）読み直すと、リアルすぎるほどリアルで怖かったと話していました。

真鍋　お世話になっている弁護士先生が実際に知的障害のあるAV女優の作品の差し止め請求を担当したので、それを作品に活かしました。逆に、自分が取材したぴえん系女子にはそういう子はいなかったのですが、実際のところどうなんですか？

佐々木　精神障害者は、いわゆる立ちんぼの子にいると聞いたことがあるのですが、ぴえん系女子の中では思い当たりません。本当は探せばいるのかもしれませんけど、少なくとも「私（精神障害者保険福祉）手帳持ちイェーイ！」みたいな子は聞いたことがないですね。ただ、ADHD（注意欠如・多動症）などの発達障害がありそうな子は少なからずいて、その子たちも必ずしも病院で診察を受けているわけではないだろうし、何より私自身がその分野について語れるほど詳しくないので、今後詳しく研究してみたい気持ちはあります。

真鍋　なるほど、興味深いです。自分の場合はそうした取材の体験に加えて、身近な人間が心を病んで病院に通い、やがて手帳をもらって、現在は生活保護を受けるようになったんですよ。自分はその子が元気だった時代から数年間をずっと一緒に過

ごしてきたので、いろいろ思うところがありました。泥酔して逆にその子に抱えられてタクシーに乗せられる自分ってどうなんだ、ってことも含めて（笑）。

――数々の心を病んだ女子たちが作品内に登場した『闇金ウシジマくん』では、「メンヘラは医者に作られるんだ」という印象的な台詞もありました。今までのメンヘラ系女子と現在のぴえん系女子の違いをどう感じますか。

真鍋　うつ病のふりをして生活していると、本当にうつ病になると聞いたことがあったのですが、知人の友人は実際に生活保護目当てで詐病しているうちに自殺してしまったそうです。そういう意味では貧困の話につながるかもしれませんけど、昔のメンヘラはヴィヴィアンやアナスイのようなハイブランドで全身を固めていたイメージがあるのですが、今のぴえん系女子が愛用するブランドは格安でも見た目はそろうので若者層の間口が広がりますよね。

佐々木　確かに高いのはMCMのリュックや小物類だけで、服や靴は数千円で買えてしまいます。薬のODやリストカットもファッション化している傾向は私も再三指摘してきましたが、それにしたって先生が作中で描写された「偽装包帯」などで「病みかわいい」を演じているうちに本当に病んでしまう子がいるかもしれません。

真鍋　自分の体験だと、取材で自殺した方の生活を追っていたときに自分まで死にたくなって。テレビをつけたままにしておかないとなんだか不安で、家の中の暗い場所が怖くて近寄れず、風呂上がりでも寒くて寝られない一方、起きたら全身汗びっしょりだったり。

――差し支えなければ、どういう取材をされたのでしょうか。

真鍋　基本的には自殺した方の部屋に入って遺留品を見せてもらったり、周りの関係者に話を聞き、その方がそこでどういう生活をしていたのか想像を巡らせたんです。女性ものの車椅子が残ったままだったので「奥さんが先に亡くなって落ち込んでしまったんだろうな」とかいろいろ考えているうちに自分の体調がおかしくなり、3週間くらいでしたが、頭の中は一日中自殺のこと以外考えられなくなってしまったんです。

佐々木　実は私は今でもふいに希死念慮にとらわれ、夜中に死にたくなって泣くことがあるんです。それが3週間も続くと本当に辛いですし、万が一の事故が起きてしまう可能性もあります。

真鍋　実は先日たまたまチワワさんがそれを呟いているのを見かけ、共通の知人と心配していたんです。ところが、翌日は元気に生放送に出演していて、その後も歌舞伎町のメンヘラバーで飲み散らかしていたご様子だったので安心しました（笑）。

佐々木　お恥ずかしいです（笑）。逆に先生はどうやって回復されたのでしょうか？

真鍋　自分は異変に気づいた担当編集者が僕の友人たちを連れて夜中に事務所に来てくれて軽く飲んだのですが、本当にたったそれだけで救われたんです。思い返せば、コロナ禍でスタッフともリモート作業、取材と作画が忙しくて家族とも疎遠になっていた時期でしたからね。直接人と話すことってこんなに大事なんだなと、改めて実感しました。

――先ほど話されていたコロナ禍で半グレの店が増加した背景にも、そこにつながる部分があるのでしょうか。

真鍋　あると思います。コロナ禍でも酒を提供している店などいくらでもある中で、彼らの店はどこもあふれんばかりの客で繁盛していて。そこの客層はアウトローの仲間や後輩連中ばかりでなく、ごく普通の常連のおじさんもたくさんいるんですね。そういう方になんで通っているのか聞いてみると、「そりゃあ、経営者が明るいからだよ！」と。彼らは暴力的な部分も当然ありますが、普段は底抜けに明るくて常に周りを楽しませる性格の方が多く、店内には笑いが絶えなくて。少なくとも誰もが鬱屈としていたコロナ禍においては、彼らに救われた人々も多かったと思います。

佐々木　コロナ禍で売れたホストには共通する部分があるかもしれません。それに、そもそも歌舞伎町やトー横には肌感覚で救いを求めにくる人が多いのかも。

真鍋　歌舞伎町は人種のるつぼ。恐ろしさと優しさが入り交じり、金がないときもあるときも変わらず受け入れてくれる街だと思います。

中年化したぴえん女子の末路

――『九条の大罪』では39歳にしてぴえん系ファッションに身を包むヒロインの親友の存在も印象的でした。メンヘラ系女子の行く末の一例として、先生なりの答えなのでしょうか。

真鍋　あのファッション自体は歌舞伎町で撮影させてもらい参考にしたのですが、40歳くらいのぴえん系女子も実際にいて。そういう子たちが多く働いているガールズバーを取材したのですが、店内は異様に薄暗いからはっきりしないものの、ひとりだけ保護者くらいの年齢の方がいるぞ、と。

佐々木　作中では「まだまだ私は見た目若くて可愛いから」といったキャラでしたよね。まさに美的感覚が狂いすぎた結果だと感じました。

真鍋　さすがに店でも稼げてない様子でしたが、一応ヒモの彼氏がいて生活がかかっているらしく。その日も掛け布団の取り合いで本気の喧嘩をしたようで、要するに暖房代もケチってるんだなと印象に残っていて。それに、先ほどの偽装包帯に関した取材の際に「偽装メンヘラはすぐにめくれて、ハブられるんですよ」と聞き、ヒロインの親友役は浮いている子が適任だと思ったんです。

佐々木　物語ではその親友同士の顛末までリアルでしたが、とにかく私も19歳のときは本当にしずくぴえん（ヒロイン）のような生活をしていたので「わかる、わかる！」と懐かしく読ませていただいて。途中でツラすぎて泣いてしまった回もありましたが、もともとぴえん系女子を題材にしたきっかけとかあったんですか？

真鍋　やっぱり歌舞伎町にはよく来ていたので、ある時期から「ぴえん、ぴえん」って言ってる子たちの存在を知り、生い立ちからどういう生活をしているかまで調べて、これは作品になるなと。ただ、弁護士漫画としては人権派女性弁護士がＡＶ業界を訴えた話を幹にするつもりだったので、そこにミックスさせてもらいました。あとは、それまでの物語で老人ばかり描くことが続いてちょっとぐったりしてしまったので、次は若い女の子を描きたいなと（笑）。

佐々木　なるほど、そんな漫画家ならではの理由もあるんですね（笑）。

真鍋　でも、その世界の第一人者、チワワさんにそう言ってもらえるのは素直に嬉しくて。本書の原稿を読ませてもらってますますその気持ちが強くなりました。自分自身、ぴえん系女子を含めて、トー横にいるキッズたちを見る目が変わりましたから。安心できる家があるならあの場所にはいない存在なんだなぁ、と。

佐々木　しずくぴえんの家庭環境はまさにそれを思わせるものだったから、すごいと思って。「生きてくだけで精一杯」でこれといった夢もなかったけど、「強いて言うなら家を出

たい。すぐに出たい」と。

真鍋　実は自分もデビュー前は漫画で勝負するために仕事を辞め、消費者金融で限度額まで借りたお金で生活した時期があったんです。受賞できたから今の自分があるのですが、そこで挫折していたら自分も取材される側の人間だったかもしれない。

佐々木　なるほど、そういう気持ちがあるから取材対象者や読者に寄り添った作品が描けるんですね。

真鍋　そう言われることも多いです。なので、今でこそ印税のほとんどは家族に渡していながら、自分の自由になるお金も多少はもっていますが、トー横キッズの話も貧困の話も全然人ごととは思ってなくて。なにしろ自分から漫画を取るとただの社会不適合者なのは、身近な人間の誰もが認めるところですから。

佐々木　初対面のときの酔い方がなかなかの光景でしたので、なんとなく理解できます（笑）。あのときはお誕生日でしたから、特別酔ってらしたのかと思いましたが。

真鍋　その日何があったか覚えていませんが、落ち込むので話さなくていいですからね（笑）。本当に「生きてくだけで精一杯」なのは自分も同じで、酔うと荷物をなくしてしまうので、「iPhoneを捜す」から始まる一日が年に何度もありますし、スーパーのポり袋を財布代わりに小銭を入れて生活している日は近所のインドカレー屋の店主にまで怪訝な目で見られて。路上で寝る日も多いので、夏は大体全身ブヨに刺されていて、すれ違う人に二度見されることもあります。

――むしろトー横キッズよりひどいです。改めて本書の読後感想をまとめていただけましたら。

真鍋　子供はすごく生命力にあふれていて眩しい存在。大人がその光を奪って、ゆき場をなくした少女や少年が歌舞伎町のギラギラしたネオンに隠れた闇の深淵に呑み込まれ、歪な安心感にねっとり取り込まれていく。魅惑と幻滅が同時に存在しているのも歌舞伎町

……、読後そんな気分になりました。それと、歌舞伎町の歴史的背景もしっかり書かれているのがチワワさんらしいですよね。どうしてもここに描かれた世界は裏社会系ライターやホストの執筆によるものが多かっただけに、これだけしっかりと研究対象として捉えた本書は貴重な一冊だと思います。

歌舞伎町の住人との適切な距離感とは

――ひと口に「取材」と言っても立場が違えばやり方も違うかと思います。取材対象者との距離感も含めて聞かせてください。

佐々木　私は自分の話や周りの友人などに起きたことを書いているうちに現在に至りました。トー横キッズも含めて未成年の子たちは自分も知らない世界だったので、基本的に誰かの紹介でつながれたら連絡を取っている感じです。

真鍋　自分もその都度、取材したい世界に詳しいライターさんなどに面白い相手を紹介してもらう例がほとんどですね。そこから直接の付き合いになる取材対象者もいるのですが、特に礼儀作法に厳しいアウトロー関係の場合は思いもよらないような暗黙のルールがあって、菓子折りをもってお詫びにいった経験は何度もあります。

佐々木　うわぁ、大変そうですね。でも、そういうことがあったほうが、その後は親密になる場合もありそう。

真鍋　まったくそのとおりで、一時期は嫌がらせで事務所にお悔やみの弔電を送ってきていた元闇金業者さんとは今では下の名前で呼び合ったりしています（笑）。ただ、僕の担当編集者にも引きずり回されたり、蹴飛ばされたりした方が何人かいるので、編集部的には僕の担当は嫌だろうな、と。

佐々木　私の担当編集者は格闘技歴が長いので、そういうことに耐性があるかもしれません。ただ、ちょうど年ごろの娘さんがいるので、私が「12歳の子が妊娠して〜」といったエグい話を書くほど不安そうな顔をしていました（笑）。私自身はもっと未成年の子たちとも親密になってもいいとは思っているんですけど、彼らは病むとアカウントごと消えて連絡が取れなくなっちゃうので。

真鍋　そうか、それは残念だし、関係性ができているとガッカリしちゃいますよね。アウトローの場合は最悪捕まっても弁護士や家族経由で取材自体は継続できるので、その点はありがたいです。

佐々木　それに学問の研究倫理として未成年を取材するとなると親の許可を得たり、契約書を交わしたりしなくちゃならないんです。親との関係性が悪いから歌舞伎町やトー横にいるわけで、その承諾を得るのがなかなか大変で。

真鍋　厳しいと思いますけど、チワワさんがこれからまだまだ有名になって、キャリアを積み重ねていくなかで絶対に環境は変わります。そういう子たちからは勝手にいろいろと頼りにされるし、逆にその親から相談されることも増えるんじゃないですか。取材がどんどんやりやすくなりますよ。

佐々木　ありがとうございます。先生にそう言われると励みになります。

真鍋　自分も『闇金ウシジマくん』の最初のころは目の前で作品をけなされたり、小バカにされたり、本当に嫌な思いをすることが多かったんです。ただ、少しずつ知名度が高まって、だんだんと取材協力者も増えていくと楽しい取材のほうが多くなり、今では面白いネタがあれば相手側からどんどん連絡が入ってきますから。

佐々木　私も先生のサングラスと同様にネットや地上波ではマスクで顔を隠したり、あえて露出を控えている部分もあるんですが、そういう立場になると最高ですね。私自身もメディアでちやほやされて満足するつもりはなくて、やっぱり学問として価値があるものを残したいので、論文を出して学会でも評価されたい。なので、研究は気長にしっかりと続けて、ひとつの作品になったらな、と思っています。

真鍋　最初に「トー横キッズは短命かもしれない」といった話もありましたが、ぴえん系女子にしたって、いつの時代も形を変えながら必ず残っていくものじゃないですか。チワワさんが今やられていることは本当に価値があることで、将来的にどうなっていくのか自分も楽しみです。なにしろ、その年齢で専門家としてこれだけメディアに登場し、しっかりとした将来像を描きながらこんな素晴らしい処女作を出せる方なんかいませんから。僕なんかそのころはまだ服で鼻水拭いてましたよ。

佐々木　それ、15歳ころの話ではなかったんですか（笑）。

現役女子大生ライター
佐々木チワワ

10代から歌舞伎町に出入りし、フィールドワークと自身のアクションリサーチをもとに大学で「歌舞伎町の社会学」を研究する。歌舞伎町の文化とZ世代にフォーカスした記事を多数執筆。ツイッターは @chiwawa_sasaki

漫画家
真鍋昌平

神奈川県茅ヶ崎市出身。社会の底辺にいる人々の生活や心理を克明に描き続ける。代表作『闇金ウシジマくん』はドラマ化・映画化もされた。現在『ビッグコミックスピリッツ』で『九条の大罪』を連載中

取材・文／上野友行　撮影／長谷英史
イラスト提供／©真鍋昌平・小学館　対談場所提供／SINCE YOU…本店

おわりに

第三版の重版が決まったとき、頭に浮かんだのは、「今すぐホストで酒を飲みてぇ」だった——。

2021年6月、トー横キッズに関する記事を書かせていただき、そこからトントン拍子で本書の発行元である扶桑社の『週刊SPA!』の連載。さらに書籍化が決定した。トントンすぎて、むしろ怖さもあった。実際、週刊連載も本書の原稿も毎度ギリギリのスレスレ……。担当編集の加藤さんに叱咤激励され「ぴえんぴえん」と泣きながらやっと完成した。

18歳のときに歌舞伎町で遊んでいながら、いつかこの街の文化や価値観について本を出したい、そう思っていた。彼女たちの価値観や生活や文化が私にとってはなにもかも刺激的で、後世に残すことに価値があると思えてしかたなかったからだ。

そうした歌舞伎町を含めた文化を今回「ぴえん」としてくくったわけだが、そもそも使われ方が多岐にわたるこの言葉は解釈がそれぞれ可能で、パパ活と同じくらい複雑骨折している言葉である。しかし、そんな雑多な現状こそが「ぴえん」世代である私たちにはふさわしい。

私は2000年生まれの22歳だが、世間は私たちを「Z世代」とカテゴライズして語りたがる。だけれど、我々Z世代は多様すぎる。話す言葉も、着る服も、聴く音楽も、流行りこそあるけど、みんな違う。「共通の価値観」なんてものを持ち合わせてない。簡単にくくれないのがZ世代の色だと思っている。

私は普段大学に通い起業家を志す仲間が集うコミュニティにも所属している。同年代のはずなのに、歌舞伎町に生きている若者とはまったく違う人生を歩んでいるようにも感じる。

だが、確実にSNSが当たり前にあって、何かを発言したり「好きなもの」を発信して生きているなかで、自己肯定感や自分の価値観とかが数字に依存し、自意識が煩雑になっている若者はどのコミュニティにも一定数存在するし、年齢関係なくさまよっている人もいる。そんな「ぴえん」な現状を生きる同胞たちを、私は「ぴえん世代」と呼びたいのだ。

ホストクラブのウェイトが重くなってしまった気もする本書だが、それは私のホストクラブで培った価値観と、そこで受けた影響と街への愛の大きさゆえである。失うものも多かったが、失わないと気づけなかったもの、失ってからでないと手にできなかったものばかりであった。ぴえん。

そんな21歳の等身大の私の感性を、濃縮して書ききった本書には何か意味があるはずだ。価値があるかどうかは発行部数という「数字」で決まるのかもしれないが。

本書の取材協力者のなかには、原稿を確認してもらった数日後にSNSアカウントごと消えてしまった子、生きているのか死んでいるのかわからないような子もいる。もしも、彼・彼女たちが私を覚えていて、この本を手に取る機会があったら連絡してほしい、そして改めて感謝を伝えたい。

不安定な思春期をSNSによるまなざしと他者からの評価におびえながら、それでも他者からの承認に飢えて彷徨う私たちは、傍から見たら滑稽かもしれない。それでも〝何者〟かになりたかったり、自分の居場所が欲しい私たちは自身に鮮やかなフィルターをかけて、発言を盛って、ちょっとおバカな行動に走って今日を生きている。

この本を手に取ってくれた私よりも上の世代の皆様が、若者文化を理解するのに何か役立てられれば幸いである。そして、上の世代の何も知らない状態での否定や、勝手な決めつけが私たち子供には痛いほど刺さることも知ってもらいたい。無関心もそれはそれで寂しいのであるが。

真鍋先生との対談でもお話しさせていただいたが、自分の子供や身近な10代20代の若者たちの「好き」や考えている価値観を知ろうとする姿勢を、少しでももってほしいと思う。そして「推し」という言葉で大きくくくられているもののなかにある暗部に気をつけながら、間違いやすい我々を大人は導いてほしいと思う。歌舞伎町のような刹那的な街と環境で生きていると、大人が「アイツラはバカなのか?」と思うような驚く決断を下してしまうのが私たちだから。あとから「そんなぴえんなことになってたの!?」と後悔する前に、対話から始めてくれればと思う。

この謝辞欄だけをモチベーションに書いてきたので長くなる気もするが、お世話になった関係者の方々に感謝を述べたい。

まずは担当編集である加藤さん。歌舞伎町に一緒に足を運び、ぴえんぴえんと連絡を交わしてぴえんのゲシュタルト崩壊を起こしながらも、ここまで若輩者の私と奔走してくださってありがとうございます。40歳という加藤さんによる「おぢフィルター」を通した編集は広い世代にわかりやすく構成されていて、本当にありがたかったです。

そして取材に協力してくれた皆さん。皆さんがいなければ本書は完成しませんでした。ありがとうございます。写真を提供してくれた人たちもありがとう。1年ぶりに急に連絡して写真を使わせてもらったり、歌舞伎町での縁も捨てたもんじゃないな、と心から思えました。特にかなえくんと吉野くん、本当にありがとう。

対談場所として快く会場をお貸しくださった歌舞伎町のSINCE YOU…グループさん。ありがとうございます。お金を払わないでホストクラブに滞在したのは不思議な気分でした。

そして何より対談を快く引き受けてくださり、本書のカヴァーのイラストまで使用させていただいた真鍋先生。本当にありがとうございました。先生とお話しする時間は多くの学びと笑いがあり、私にとってかけがえのない財産になっています。

あとSPA!の連載時のイラストを快く引き受けてくれたツヅキエイミさん。その後、対面で遊ぶ機会もあり、友人になれたことが嬉しいです。毎回最高のイラストをありがとう。私の最愛の親友へ。ずっと支えてくれてありがとう。バターに乾杯。

最後に、私の親愛なる兄達へ。何年経っても一緒に飲めたらチワワは幸せです。長くなりましたが関係者の皆様、本当にありがとうございました！　それでは今日も歌舞伎町にくりだします。それではまた。

2023年3月10日　4人で撮った写真を眺めながら　佐々木チワワ

佐々木チワワ（ささき・ちわわ）
2000年生まれ。慶應義塾大学 湘南藤沢キャンパス（ＳＦＣ）在学中。10代から歌舞伎町に出入りし、フィールドワークと自身のアクションリサーチをもとに「歌舞伎町の社会学」を研究する。歌舞伎町の文化とZ世代にフォーカスした記事を多数執筆。
ツイッターは@chiwawa_sasaki

カバーイラスト提供／ⓒ真鍋昌平　小学館
本文イラスト／ツヅキエイミ

扶桑社新書 420

「ぴえん」という病
SNS世代の消費と承認

発行日 2022年1月1日　初版第1刷発行
2023年4月10日　第4刷発行

著　　者……佐々木チワワ
発 行 者……小池 英彦
発 行 所……株式会社 扶桑社
〒105-8070
東京都港区芝浦1-1-1 浜松町ビルディング
電話 03-6368-8875（編集）
03-6368-8891（郵便室）
www.fusosha.co.jp

印刷・製本……株式会社広済堂ネクスト

Printed in Japan　ISBN 978-4-594-09026-5